JN410370

이혜복 수필집

아는 만큼 보이나 봐

아는 만큼 보이나 봐

이혜복 수필집

1판 1쇄 인쇄/ 2017년 9월 10일
1판 1쇄 발행/ 2017년 9월 15일

지은이 / 이 혜 복
펴낸이 / 우 희 정
펴낸곳 / 도서출판 소소리

등록 / 제300-2007-21호
주소 / 03073 서울 종로구 성균관로 5길 39-16
전화 / 765-5663, 010-4265-5663
e-mail: sosori39@hanmail.net
www.sosori.net

값 12,000 원

*잘못된 책은 바꿔드립니다.

ISBN 979-11-5891-083- 9 03810

아는 만큼 보이나 봐

이혜복 수필집

소소리

격려의 말

편하게 읽히는 글솜씨

김 시 철
(시인 · 전 국제 PEN 회장)

이혜복 씨는 문학적 기초가 잘 닦여져 있는 수필가라고 나는 믿고 있다. 그는 여기에 이르기까지 많은 독서와 끊임없는 습작으로 문단에 나온 지 불과 1여 년 만에 이렇듯 한 권의 수필집을 갖게 되었다. 이것만 보아도 그의 능력을 짐작할 만하다.

다양한 소재, 흔히 접할 수 있고 겪으며 살아가는 우리들 삶의 이모저모를 진솔하게 서술함으로써 읽는 이로 하여금 친근감 있게 만드는 재주를 그는 가지고 있다.

수필이란 원래 상상력이나 추상적 모티브보다는 체험을 통해 얻어낸 자기 자신의 소회와 판단을 제삼자와 공유코자 하는데 목적이 있으므로, 그런 점에서 본다면 여타 문학 장르보다는 더

실용적인 문학이라 할 것이니 이 점에서도 이혜복의 수필은 능히 가당하다 할 것이다.

몇몇 주목하고 있는 나의 제자들 중 한 사람인 이혜복의 이번 첫 작품집 『아는 만큼 보이나 봐』의 출간을 진심으로 축하드리는 바이다.

책을 내면서

언제부터인지 몰라도 아닌 척 희망 하나 품게 되었다.

'나의 책'을 갖고 싶다는 마음, '꿈'이라는 거였다. 꿈이기에 동경하면서도 그것으로 그치기 쉬운데 웬일인지 그 염원을 접을 수가 없었다.

아홉 살 그때 툭하면 칠판에 단어 몇 개 적으시던 은사님이 자꾸 생각나는 요즘이다. 한 시간 내내 주어진 단어를 넣어 짧은 글짓기를 시켜 놓고 창밖만 내내 바라보셨다. 재미를 느끼면서도 당시엔 선생님의 의도를 알아차리지 못했다. 지금 생각하면 나에게 글 짓는 떨림을 가르쳐 준 분이다. 당시 내가 조금만 더 눈치가 있었더라면 오늘날 더 나은 글을 쓰고 있지 않을까 하는 생각이 든다.

살면서 과분함을 느낄 때가 간혹 있었다. 늘 가진 것 없는 빈손이었지만 그래도 인복은 가문 적이 없었다. 수요일이면 평창문예대학에서 하서 김시철 선생님을 뵐 수 있었고, 훌륭한 선생님들 강의가 나를 들뜨게 했다.

수필 연재를 허락하신 『문학시대』 성춘복, 우희정 선생님께는 지면을 빌어 큰절을 드린다. 이미 발표되었던 것들도 더러 있지만, 막상 묶어놓고 보니 부실함이 적잖은 것 같다. 그걸 써내렸던 순간 역시 나의 삶이었기에 부끄러움쯤은 감수하기로 마음먹었다. 글을 쓴다는 것은 망망창파에서 끝없이 노를 젓는 것과 다름없겠지만 이번의 묶음으로 한 번의 조심스러운 획을 긋고자 한다.

점 하나 때문에 머리가 어수선한 나와는 달리, 늘 붓끝으로 고민하는 조만호 화백께서 표지화와 내면 삽화를 허락하셨다. 그동안 미처 표현하지 못했던 고마움까지 얹어서 감사드린다.

2017년 반절을 보내놓고

저자 **이혜복**

· 차례

1. 동화로 크는 아이들

2. 아는 만큼 보이나 봐

3. 홀로 하는 시간 여행

4. 스무 살 나와 해후, 그리고

5. 세상 보는 다른 방법

1.

동화로 크는 아이들

종이 인형

천지가 얼어붙던 한파에 옷깃을 여미며 바람을 등졌다. 드센 칼바람이 인정사정없이 훑어댈 때마다 허청거리면서도, 잃어버릴까 봐 꼭 쥔 동전은 미지근한 온기로 미끈거렸다. 가깝지 않은 거리를 외길로 걸으며 나는 오로지 한 가지만 꿈꾸었다.

그 자발적이고도 집요한 수고로움은 머지않아 환각과도 같은 나른한 충만감과 황홀한 도취를 주기 마련이었다. 어서어서 날개가 돋기만을 기다리던 아이에게….

숱이 많아 탐스러운 구불구불 금발 머리에 언제나 분홍색이던 물방울무늬 리본이 부러웠다. 잘록한 개미허리와 두루미처럼 죽 뻗은 시원한 다리, 길고 가느다란 손가락이 요구하는 섬세함에는 늘 긴장감까지 보태서 내놓아야 했었다. 복숭아마냥 동그스름하다가 턱선 근처에 다다라서야 날렵해지는 얼굴형, 무엇보다 그 얼굴 절반을 더 차지하던 휘황찬란한 눈동자가 화근이었다. 밤하늘 어딘가에서 한 뭉테기 떨어진 별 무리 같기도 하고, 비누 풍선 같기도 한 반짝거림이 비현실적이라는 걸 알면서도, 그 눈 속으로 나는 속수무책 빨려들고 있었다. 중독이라도 된 것처럼 번번이….

그 종이 인형값이 이십 원이었다. 바지런한 친구는 그 돈으로 유리구슬 한 움큼 사서, 호주머니 불룩하도록 구슬을 따 들이느라 하루해가 짧았다. 유난히 먹을 걸 좋아하는 동무는 엿이나 사탕에 눈독을 들였지만 나는 웬일인지 인형 사는 것이 좋았다.

진종일 손때를 묻히다가는 한순간 잃어버리기도 하고, 재질이 종이다 보니 재수 나쁘면 반나절도 안 되어 목이 꺾였고 발목은 찢어지기 일쑤였다. 제비 다리 치료하는 흥부의 심정보다 덜하진 않았을 것이다. 멀쩡한 공책 뒷장을 오려 부상부위 뒷면에 덧대는데도 나는 선수가 되어 있었다.

알록달록한 인형 옷들을 오리는 작업을 엄마는 '쏙닥질'이라 하셨고, 대놓고 못마땅한 기색이셨다. 쏙닥질 하면서 가장 신경 쓰이는 옷은 파티복이었는데, 목부터 시작해서 어깨와 허리 부분에 치중했던 레이스에 정신을 뺏겼다. 햇살과 충돌한 듯 광채를 발하는 구슬 장식과 널따랗게 퍼지던 삼단 층층 치마. 위험을 무릅쓴 가위질로 '화려한 동경'을 오려내곤 했다.

TV만화 속 이웃 나라 착한 공주가 입었던 그런 치마를, 쏙 닥질해 입히고 벗기는 유희는 그런 치마를 꿈꾸는 작업이기도 했다.

그때 내 생각은 그러하였다. 이다음 내가 자라 숙녀가 되면 이 인형들처럼 살게 되는 거라고. 손톱은 길게 다듬어 예쁜 빛깔 칠하고, 뾰족구두에 하늘하늘 고운 블라우스 층층 드레스를 골라가며 입고 살 줄 알았다. 부러질 듯 가녀린 손목엔 멋 삼아 손가방을 걸고서.

어른이 된다는 건 옹색하고 구질구질한 것들과의 결별이기도 하며, 화려하고 예쁜 것을 내 맘대로 소유하고 누릴 수 있다는 면허쯤으로 알았던 것 같다. 나는 그 자격을 빨리 갖고 싶었다. 지금 생각해보니 동심이기에 가능했던 오색찬란한 생각이었으리라.

독불장군처럼 나 혼자서 끝까지 인정하기 싫었던 시절. 까닭 모를 허무함과 억울함에 몸살을 앓던 서른 즈음과는 달리, 겸허하게 마중까지 나가 수줍게 손까지 내민 마흔이란 친구에게는, 마주 잡은 그 손을 꼭 쥐어흔들 수 있었다.

여전히 죽 끓듯 하는 변덕으로 좋니 싫니 동행하면서 어느새 고갯길 넘어온 요즘, 가끔 그 종이 인형 생각이 난다. 사는 데 한눈파느라 새까맣게 잊고 있었는데 말이다. 아니 더 정확히 말하면 그 분홍색의 황당한 드레스가 생각날 때가 있다.

그토록 호사스런 모습을 꿈꾸던 날들이 정말 나에게 있었던 걸까?

무자비하게 동심을 홀렸던 사치의 극치. 눈부시게 황홀했던 그 드레스를 내 평생 단 하루라도 입어볼 확률이 있기는 할까. 지금은 굳이 입고 싶은 마음도 없으니 한때 지나치는 허울이었나 싶다. 내 옷 아니라 부담스러울 것이고 내 몫이 아니어서 어색할 거라는 단순한 생각이 먼저 드니 말이다. 이제와 생각해보니 나 역시 그때 쏙닥질 안 반기던 엄마처럼 한 번도 화려하게 살아본 적이 없다는 회상도 동반한다.

어른이 된다는 건 생각만큼 근사하지만은 않았다. 눈에 띄게 찬란한 성과가 함께하는 것도 아니었지만 지나치게 두려워하며 전전긍긍할 것까진 없었다. 난 그냥 순간순간의 선택에 최선을 다해서 살아가고 있었고, 알게 모르게 나름대로 재미도 있었던 탓에 한동안 종이 인형같이 예쁘기만 한 삶 따위는 잊고 있었나 보다.

한겨울 쩍쩍 갈라지며 금 가던 얼음처럼 투명한 날카로움에 아슬아슬할 적도 많지만 삶은 매 순간 '시소'의 형태로 움직였고, 살다가 보면 어느새 곡예 하듯 균형을 맞추며 살아내고 있었다.

종이 인형 같은 순간은 단 한 번도 없었는지 몰라도 감사하게 숨을 쉬며 귀한 느낌으로 잠에서 깨어나고 있었다. 가끔은 터무니없이, 인형보다 환하게 웃을 수 있었다.

*뭉테기: 뭉텅이

건강검진 무사히 치르다

초등학교 다닐 때 방학숙제는 지금 생각해 보면 별것 아니었다. 실컷 놀다가는 개학이 코앞에 닥쳐야만 부랴부랴 잡풀 뜯어 식물채집에 임했다. 방학 내내 어느 구석에 뒹굴고 있는지도 모르던 미술 도구를 찾아 책임감만으로 그림을 그려야 했고, 읽지도 않은 책의 독후감을 급하게 작성해야 했다. 이번에 받게 된 건강검진이 그 당시 밀린 방학숙제를 해야 하는 심정과 묘하게도 흡사했다. 한 해가 너무 빨리 지나고 있었고 규정상 꼭 해야 한다는 당부까지 받은 처지였으니….

오전 일곱 시 반 예약된 검진이라 서둘러 검진센터에 도착했다. 작성하라는 석 장의 용지를 받아 서명을 마쳤는데 시선이 닿는 곳에 독감 예방 접종 안내문이 보여서 내친김에 접종까지 완료했다. 차트 갖고 2층에 가서 대기하자니 채혈하는 분 옆에 있던 남자가 내 이름을 부르며 소변 검사용 종이컵을 내밀었다.

"소변을 받아서 화장실에 놓고 나오세요."

"화장실 안에다 놓으라고요?"

"네."

들어가니 세면대 옆에 소변 컵 거치대가 있긴 있었다. 목적을 이루기 위해 볼일을 보는데 문 안쪽에 생소한 글귀가 붙어 있다. 내 집이 아닌 공동화장실에 가면 '아름다운 사람은 머문 자리도 아름답다'는 식상한 말 말고도 은근히 좋은 글귀가 많다. 살아가면서 한 번쯤은 새겨볼 만한 명언이나 좋은 글귀는 대부분 사무실 화장실에 적혀 있질 않던가. 거기엔 성공을 위한 습관이었나 방법이었나가 제목이고 다섯 항목이 있었는데 애석하게도 두 항목밖엔 기억이 나질 않는다. 그중 하나가 적극적인 사람이 되라는 거고 또 하나는 시간을 잘 활용하라는 말이었다. 일리 있는 말이라고 생각하는 순간, 아뿔싸! 내 본연의 목적을 잊은 채 벌써 소변을 한 방울도 남김없이 전부 변기통에 흘려버린 실수를 하다니…. 이 사태를 어떻게 넘겨야 하나하고 변기를 내려다보니 그걸 컵에 담기엔 색과 농도가 너무 엷었고 소변 거치대에서 남의 것을 탐하자니 그것도 안 될 말이었다.

아무 일 없다는 듯 나와서 잠시 망설였다. 피를 뽑는 이 옆의 남자에게 사실대로 얘기하니 빙그레 웃으시며 "지금은 불가능하시지요? 그럼 맨 마지막에 하시죠?"라며 차트에 큰 글씨로 '소변 마지막'이라고 써준다. 여러 층을 오르내리며 검진을 하고 2층에 다시 가서 이번엔 무사히 종이컵을 거치대에 올려놓는데 성공한 것으로 나 자신이 기특하다.

다시 맨 처음 1층이다. 앉아서 기다리라는 친절한 직원의 말을 듣고 두리번거리니 이번엔 '알레르기 검사'를 광고하는 커다란 배너가 눈에 띈다. 대충 읽어 보니 알레르기나 아토피의 원인을 그 검사로 알 수 있다는 내용이었다. 생각해 보니 정말 그 환자들에겐 유익한 검사 같다. 원인을 알고 난 후 그에 따라 처방을 하면 훨씬 괴로움이 덜 하겠구나 하면서 말이다. 또다시 이름이 불리었고 검진의 마지막인, 의사와의 상담 차례이다. 항상 느끼지만 난 의사 앞에서는 간이 좀 졸아드는 경향이 있다. 인사 주고받고 몇 마디 나누는 무방비 상태에서 그분이 물으셨다.

"혹시 알레르기 알고 계시는 거 있으세요?"

(뭐야? 내가 알레르기에 대해서 어렴풋이 알긴 알지만 솔직히 잘은 모르는데, 이런 학술적인 질문을 굳이 하는 이유가 뭐지?)

갑자기 머릿속이 하얘지면서 돼지고기 먹고 겪은 두드러기라도 말해볼까 하는 생각이 들었다.

"저어, 제가 경험한 것을 말씀드려도 되나요?"

"물론입니다. 본인에게 알레르기가 있으신가요?"

"아뇨, 아직은."

(아, 근데 왜 알레르기를 알고 있냐고 물으셨는지요. 앓고 있는 거 있냐고 하셨음 당황하진 않았을걸.)

"그럼 혹시 주사 맞고 경련 같은 거 있었나요? 물론 본인 경험 말입니다."

어쨌든 무사히 주사 맞고 숙제를 방금 끝낸 심정으로 그 건물을 나와 보니 그 옆에 농협 간판이 눈에 들어온다. 홀가분한 마음에 현금을 찾으려 농협으로 들어서니 뭔가가 이상한 느낌이 든다. 바로 농협 옆 ○○장 여관 울타리 담장이 덩굴에 한눈팔다가 보니 온천 표시가 있는 유리문을 열기 직전이었다.

집에 와 생각해 보니 나의 세상 살아가기가 용하다는 생각까지 든다. 들어올 때 가져온 생활정보지 오늘의 띠별 운수를 보니 에누리 없이 딱도 맞아 떨어졌다.

"○○년 ○○띠 급한 마음으로 서두르면 반드시 후회한다."

관계주의보

양쪽에서 고무줄 끝을 잡아당긴다고 생각해 본다. 어릴 때 놀던 고무줄놀이를 생각하면서…. 서로 너무 당기면 팽팽하게 늘어나다가 끊어지거나 어느 한쪽이 겁을 먹고 놓아 버릴 수도 있다. 또한 둘 다 상대만 믿고 힘을 아예 안 주면 '줄'이라는 모양새는 애초부터 형성되지도 않는다. 서로 알맞은 힘의 조화로 인해 긴장감 있는 조율이 이뤄지는 거니까.

어쩌면 사람과 사람 사이의 관계 역시 이 줄 당기기 놀이와 비슷하지 않을까? 인간관계가 처음 고무줄놀이하기 딱 좋을 만큼 늘 유지된다면 참 바람직할 텐데, 그 사람이 익숙해진다는 건 그의 소중함을 잊기 시작할 때와 같은 시기 같기도 해서 조금은 씁쓸해진다.

직접 만나야지만 말을 할 수 있던 관계, 글을 전하던 특별한 관계, 목소리에 가능한 많은 걸 실어 전화선 너머로 전했던 그 시절까지는 그래도 알맞은 조율로 우리들의 '줄'은 존재했었다고 본다. 몇 달이 아닌 몇 년을 마다치 않다가 재회를 하기도 하고, 답장을 고대하며 침 바른 우표를 몇 번이나 되 누르기도 했다. 통화가 연결되기까지 기계적인 신호음에도 숨을 죽이던 그 때보다 '기다림'은 과연 몇 분의 일까지 단축되었던가. 그 줄어든 시간만큼 관계는 더욱 밀접하고도 돈독해졌을까?

어디서든 통화가 가능하고, 심지어 개인전용 스마트폰을 밥그릇처럼 따로따로 지니고, 지구 반대편 소식까지 실시간으로 접하고 전할 수 있다. 굳이 발품을 팔거나 사람 상대를 하지 않아도 쇼핑이건 금융이건 집게손가락 하나로 해결되는 세상이다. 알면 알수록 편하고 너무 편해 한번 빠져들면 미로 속 같은 세상이 지금이다. 그런 망망대해에서 우린 방황하듯 살고 있다.

넘침은 오히려 모자람보다 못하다. 이런 요즘 세태를 보면 좋은 관계의 주기가 너무 빨리 바뀌는 듯싶어 안타까운 마음이다. 깊고 오랜 사이는 시나브로 줄어들고, 넓지만 얕은 관계만이 쉼 없이 반복되는 듯싶다. 불시에 찾아와 머물렀다가 갈 적에는 인사도 없이 떠나는 느낌이랄까? 접할 수 있는 대상이 많아진 만큼 '이별'이 '이별'인 줄도 모르는 채 너무 쉬이 잊고 잊히는 건 아닌지….

오래된 친구가 좋다는 건 말할 것도 없고, 오래 같이 살아온 이웃이 어디 이웃일 뿐이랴. 작은 일상 속 찰나의 순간들이 모이면 그게 바로 삶인 것이다. 누군가와 그의 삶을 지켜보며 나눠 가며 산다는 것은 메마른 나무가 연초록 새 움을 틔워내는 것만큼 숭고한 일이다.

SNS의 생활화로 사람들은 자기의 행복한 모습, 근사한 장소와 먹음직스러운 음식, 누군가에게 받은 선물 따위로 자신의 웃는 순간만을 자랑하고 부러워하기도 한다. 중독이라도 된 것처럼 새로운 사진을 올리고 의미 없는 댓글로 공감하는 모양새지만, 정작 혼자서 감당하기 버거운 고민이나 갈등 어려운 심정 또는 초라한 자기의 모습을 있는 그대로 공개하기는 어쩐 일인지 두려워한다. 거미줄처럼 넓어지는 사람 관계로 보이지만 어찌 보면 꾸미지 않은 민낯의 나를 있는 그대로 보아주고 이해할 사람은 단 한 명도 없는 건지도 모르겠다.

기쁨이건 아쉬움이건 설령 부끄러움인들 어떨까. 좋았던 순간을 함께 공유하며 추억할 수 있는 기억창고는 뒷문 활짝 열어젖혀 도둑을 맞으면서도 눈앞의 새로운 대상에게만 맞추려 애쓰지는 않는지 생각해 본다. 투박하더라도 질기게, 빛바랜 듯하면서도 선명하게 좋은 관계들이 이어지길 바라는 건 너무 고리타분한 생각일까?

두부 하던 날

자꾸만 자꾸만 어지러웠다. 찔레순은 어느새 내 팔뚝보다도 크게 자라 있었다.

언제 써레질을 마쳤는지 삶아 놓은 너른 논에는 잔잔한 여울이 보일 듯 말 듯 서글피 아른거렸다. 해질녘 실바람에도 맥없이 흔들리던 연약한 흙탕물이었지만, 그 성스러운 물은 본격적인 벼농사를 시작하기에 앞서 가족의 안녕과 풍년을 염원하는 희망의 발원지이기도 했다.

헤픔을 감추지 못하는 아까시꽃 향기 탓인지 그 끝을 알 수 없는 달콤함으로 지쳐만 가던 토요일 오후, 어느 논에선 모내기가 한창이었다. 우린 나른한 걸음을 쉬어갈 겸 나무 아래 주저앉았고 몇 발자국 떨어진 곳에서 죽어있는 까치를 발견했다.

동무들과 나는 왠지 모르는 의무감으로 모래를 토닥이며 무덤을 만들었다. 이내 엄숙해진 우리는 납작한 돌멩이로 비석까지 세웠고 고개를 숙이며 묵념도 흉내 냈다.

그렇게 신록이 우거지고 천지가 터질 것 같은 생명력으로 가쁜 숨을 몰아쉬고 있는데도 나만 겨우내 입던 알록달록 솜 누비바지를 입고 있었다. 생기 없는 얼굴로 맥없이 떠다니고 있었고 엄마는 자주 학교에 와서 조퇴를 시켰다. 그때마다 속 울렁거리고 고약한 냄새가 배어 있는 버스를 타야 하는 게 매번 곤욕이었다. 구불구불한 길을 지날 때마다 어찌나 메슥거리던지 읍내에 있던 보건소도 마찬가지였다. 도대체 왜 비위 상하는 냄새들만 가득한지 이유를 알 수 없었다. 몇 장의 엑스레이가 죽 걸려있는데 내 것은 딴 사진에 비해 많이 하얗다.

잘은 모르겠지만 남들이랑 비슷한 흑과 백의 명도가 되어야만 지긋지긋한 보건소를 안 와도 될 것 같았다. 머리로는 그걸 알면서도 그 쓰디쓴 알약을 그것도 한 움큼이나 되는 것들을 매번 삼켜야 하는 것은 기어이 눈물을 비추고서야 치를 수 있던 공포의 의식이었다. 약 삼키기에 지쳤던 것인지 영악해져 갔던 건지 나는 차츰 내 발밑에 보이는 가장 믿음직한 돌을 들추고, 그 밑에 약을 묻곤 했다. 잘만하면 학교까지 가는 동안 두세 포는 너끈히 감출 수 있었다. 지금 생각해 보면 그래서 더 오래 앓았던 것도 같다.

어느 날 심각한 얼굴의 엄마랑 아빠가 뭐가 제일 먹고 싶은지 물었다. 난 그런 생각 해 본 적도 없었는데 굳이 자꾸 말하라는 재촉에, 정말로 먹고 싶어서 그랬는지 딴에는 생각해낸 건지 지금도 모르지만, '두부'라는 두 음절이 선심 쓰듯 새어 나왔다. 지금은 두부를 비교적 만만한 가격으로 손쉽게 구할 수 있지만, 당시 시골에선 두부 먹는 게 그리 호락호락하진 않았다. 냉장고도 없던 시절이다 보니 여름엔 두부 만들 엄두도 내지 못했다. 가을걷이를 마치고 한숨 돌릴 때쯤에도 안주인이 바지런한 집에서나 가마솥에 모락모락 콩물이 부글거렸다. 설이 닥쳐서야 대부분 가정에서는 미리미리 두부를 만들어서 찬물에 담가놓았다. 탕이나 전 같은 명절 음식에도 들어가고 만두소에 필수재료지만 손이 많이 가는 만큼 엄마들에겐 숙제 같은 음식이었다. 두부라는 말을 한 것만으로 신통했는지 기다렸다는 듯 콩을 담갔고 무슨 이유에선지 매우 바빠 보였다. 언제 봐도 우직한 맷돌은 엄마의 마음을 어르고 달래가며 비록 느릴지언정 제 본연의 임무에 조금의 거드름도 피우지 않았다. 물바가지 세례로 가마솥이 말끔하게 부시어졌다. 초여름으로 접어들며 낯설어진 아궁이에선 때아닌 장작불이 지펴졌고 꺼지지 않는 희망처럼 활활 타올랐다.

한낮의 끈적끈적하고 숨 막히는 불꽃 앞에서 두부를 꿈꾸는 마음은 성급하기만 했다. 우유처럼 뽀얀 콩물이 마침내 울먹거리기 시작했다. 구름 같기도 하고 안개 같기도 하고 연기 같기도 한 수증기는 언뜻언뜻 나무 주걱을 젓는 엄마의 얼굴을 가리기도 했다. 환상처럼 뭉게뭉게 피어나던 수증기 속으로 나도 얼굴을 들이밀었다. 따스함이 온몸을 휘감으며 아득해졌다. 자꾸만 김을 쐴수록 마른버짐 피던 얼굴은 꿈꾸는 듯 매끄러워지며 촉촉해졌다. 됫병짜리 소주병 속에 담긴 간수 덕분에 요술처럼 뭉글뭉글 응고되면서 가마솥 가득 순두부들의 아우성이 가관이었다.

어른들은 마당에 놓인 큰 함지 중간에 나무막대를 받쳐놓고 구멍 뚫린 두부 틀을 얹은 다음 올 성긴 베 보자기를 깔았다. 부지런히 순두부를 퍼 날라 보자기로 감싼 다음 무거운 돌로 눌러 놓은 틈을 타 뒷설거지를 하면, 이런 날은 누렁이 황소도 느긋하게 포식하는 날이다. 주황색 불잉걸은 철모르고 이글거리고 까맣게 그을린 엄마의 이마엔 구슬 같은 땀이 번져 있었다. 드디어 두부를 자르는 순간, 투박한 무쇠 날은 그 어느 때보다 거룩한 칼질을 해야만 했다. 보자기의 씨실과 날실 자국을 그대로 드러낸 채 대접에 담긴 모두부는 그렇게 두부가 아닌 '수고로운 마음'이었다.

두 마리의 학이 그려진 큰 상에 온 식구가 울타리처럼 둘러 앉았다. 양념한 조선간장이 각자의 두부 위로 끼얹어졌고 숟가락으로 모두부를 크게 한입 베어 물었다. 어금니에서 이겨지던 부드러운 투박함, 비린 듯 고소한 콩의 입자가 주는 행복한 질감은 꼭꼭 씹으면 씹을수록 오래도록 입에 물고 있어야만 했다. 선불리 삼켜버리기엔 너무 아까운 생각이 들었다. '두부'라는 소리에 그렇게 달아오르는 불 앞에서 비지땀을 흘렸던 엄마의 종종걸음이, 구름 같기도 하고 안개 같기도 하고 어찌 보면 연기 같기도 한 장막 속으로 보였다 안 보였다 반복했었다. 그 기억을 끝으로 보건소를 또 얼마나 갔는지는 기억이 나지 않는다. 어느 날 엑스레이 필름 속 나의 갈비뼈도 다른 사진과 비슷하게 보였다.

나는 지금도 두부를 참 좋아한다. 어쩌다 음식점에서 손두부를 주문하면 나도 모르게 기대하게 되는 맛이 있지만 내 기준의 손두부는 엄마의 두부인가 보다. 세상 어디서도 구할 수 없는, 너무도 행복해서 금방 삼키기 아까운, 곱씹을수록 담백하던 두부는 지금도 여전히 먹고 싶은 음식이다.

청개구리처럼 알아듣기

부모님은 우리 형제가 거짓말하는 걸 싫어하셨다. 고만고만한 아이들이 행여 남들에게 손가락질이라도 받을세라 늘 엄했고 금기 사항도 많았다. 거짓말 이외에도 웃어른을 보면 인사할 것, 놀다가도 밥때 되기 전엔 꼭 돌아올 것과 아무리 먹고 싶어도 남의 집 실과나무 밑엔 얼씬거리지도 말라는 당부가 그 주된 내용이었다.

제일 어려운 일인 데다 가장 많이 거역한 것이 '남의 집 실과나무 그냥 지나치기'였다. 다홍 구슬처럼 따닥따닥 달려 있던 샘물가 앵두의 빛깔이 숨이 막힐 듯 고왔던 탓이다. 그 핑계로 한 움큼 입에 털어 넣기 바쁜 나머지 절반은 씨도 뱉어내지 못한 채 삼키기 일쑤였다. 가지가 찢어질 듯한 위태로움을 감수하고 실하게 열린 탓에 척척 휘어져 논으로 떨어지던 농익은 자두를 모른 척하는 것도, 어디 말처럼 쉬운 일인가.

은연중 길들여진 집안 분위기 탓에 아예 두 분에게는 거짓말을 시도할 엄두조차 낼 수 없었다. 그 나이 때 아이들이 대개 그렇듯 친구들이나 형제간에는 잔뜩 부풀려진 상상이나 장난스러운 허풍 따위도 남에게 뒤지는 건 싫었지만 말이다.

이제 와 이만큼 나이라는 걸 먹고 보니 부모님이야말로 얼굴색 하나 안 변하고도 천연덕스러운 거짓말을 달고 사셨다. 나는 어쩌다 한번은 무엇 무엇이 먹고 싶을 때가 있기도 하고 입에 달기도 하다. 아이들이나 TV속 먹는 것을 보고는 같이 먹고 싶어질 때도 있고, 맛난 것을 먹다 보면 나도 모르게 과식을 하게도 된다. 먹기 위해 산다는 말은 있어도 입기 위해 산다는 말은 들어보지 못했다. 이 세상에 맛있는 것이 얼마나 많고 많은가. 때에 따라 기분에 따라 대단한 만족을 주기도 한다. 그런데 그분들은 맛난 거 앞에서는 늘 한결같으셨다. 삼시 세끼 늘 시답잖은 밥상이 무어 그리 대단하다고 유혹 같은 주전부리 앞에서 한 걸음 뒤로 물러나시곤 했지만 가끔 그런 생각을 해본다. 아무리 제 논에 물 들어가는 것과 새끼 입에 밥 들어가는 것만큼 흐뭇한 게 없다지만, 이 나이의 내가 그렇듯이 어머니 아버지도 아이들 배 채우는 것과는 별개로 분명히 드시고 싶은 순간이 있었을 거라고. 제비 새끼인 양 입에 넣기 바쁜 우리처럼 그분들도 입에 넣고 우물거리고 싶었을 거란 확신이 선다. “됐다. 느이들이나 많이 먹어라.” 했던 말이 자꾸만 거짓말로 느껴지는 탓에 마음 한 자락 어딘가가 단정치 못하고 자꾸 구겨지는 느낌이다.

가끔은 그런 생각이 든다. 만약 부모님 말씀을 곧이곧대로 듣는다면 어떨까? 몇 주 안 가면 뭔 일 있나 전화하시면서 막상 가면 바쁜데 어떻게 왔냐 하시고, 뭘 사가면 뭐하러 이런 걸 사왔냐면서, 이웃에겐 애가 사준 거라 자랑하신다. 분명히 아쉬운데도 됐다고만 하신다. 안 그러면서도 괜찮다 하시고, 있으면 좋을 텐데 하다가도 필요 없다 하신다. 사드리면 맛나게 드시면서도 먹으러 가자고 하면 안 드신다 하신다.

몇 년 전 아들 며느리가 아버님께 용돈을 드리면 입으로는 ‘됐다.’ 하며 사양하시는 것 같은데 손으로는 주머니를 벌리시던 TV광고를 참 재미있게 본 적이 있다. 행복하고도 참 유쾌한 아버지란 생각이 들었다. 뵐 때마다 느끼는 건데 부모님 말씀 꾸러미 어떨 때는 반대로 들으면 맞아 떨어질 때도 있다. 동화 속 청개구리를 만났던 당시 엄마 말 지지리도 안 듣는 한심한 청개구리가 안타까웠다. 요즘 드는 생각 하나 가끔은 거꾸로도 들을 줄 알아야 한다는 것이다.

세상살이가 알면 알수록 더욱 모르는 것투성이다. 모자람은 더욱 불거지기만 하니 고운 쪽빛 하늘 보기가 괜스레 민망해진다.

동화로 크는 아이들

엄마의 음성과 몸짓으로 이뤄지는 이야기는 상상 속 또 다른 세상이었다. TV가 있기 전이어서 더욱 그랬던 것 같다. "옛날 옛날에 누가 누가 살았는데…."로 시작되던 이야기 시간이 되면 조그만 무릎들이 동그랗게 모여들었다. 표정과 입 모양을 쳐다보는 것만으로도 행복할 수 있었다. 콩쥐 팥쥐, 흥부 놀부, 할아버지 할머니의 똥 이야기, 나무들을 의인화한 참나무와 뽕나무 이야기, 병든 노모를 위해 엄동설한에 산속으로 딸기를 구하러 떠난 마음씨 착한 효자 이야기, 화장실에서 종이를 나눠 주는 귀신 이야기…. 재미있고 전율이 있었음도 사실이다.

어느 순간부터 이야기를 조르던 꼬마 청중들은 엄마의 뜸 들임을 기다리지 못하고 조바심을 내곤 했다. 다음 장면을 외워서 톡톡 끼어들 정도로 이야기보따리 차츰 옹색한 밑천이 드러나기 시작했다. 순진한 동생들은 아직은 초롱초롱한 눈으로 엄마의 입을 쳐다보았다. 솥단지 안 뼈다귀처럼 몇 번이고 우려낸 시시한 이야기가 유치하다고 느꼈을 때랑 나의 '까막눈' 탈출시기는 엇비슷하지 않았을까? 엄마의 얘기를 들으며 상상한 세계는 거의 흑백이었고 기껏해야 빨강, 노랑, 파랑, 색동, 똥색, 갈색 정도가 대부분이었다. 문맹을 이제 막 벗어난 순한 눈으로 동화책을 읽는 동안 나의 상상은 좀 더 구체적이 되었다. 형언할 수 없는 아름다운 색들을 더 많이 그릴 수 있었다. 수시로 나는 동화 속 주인공이 되기도 했다.

– 봄

지금도 그날의 충격이 생생하다. 오월의 초입새 쯤으로 여겨지던 나른한 오후였다. 울 바깥마당에 한 잎 애달피 떨어져 있던 연분홍 꽃 이파리, 내가 보았던 것 중에서 으뜸이었다. 꽃잎 하나가 그렇게 커다란 꽃을 그 순간까지 본 적이 없었다. 냉이꽃, 꽃다지, 제비꽃, 할미꽃, 진달래, 개나리, 장다리, 코스모스, 샛노랗게 오르던 무 종다리까지 소소한 꽃은 늘 곁에 있었다. 탐스럽고 매끈하기가 연분홍 공단 한복처럼 그윽한 맵시로 보아 예사 꽃잎이 아니었다. 드디어 나는 보고 만져본 것이다.

손바닥만 한 그 꽃잎은 엄지공주를 감싸고 있던 황홀한 요람의 일부였던 것이다. 분홍 꽃잎의 신선도를 보아 불과 얼마 전에 우리 집 앞을 지났음을 추리할 수 있었다. 나는 엄지공주를 놓친 안타까움에 엄지와 검지 사이로 연초록 달개비만 일없이 뭉개고 또 뭉갰다.

– 여름

엄마는 우물물을 긷고 있었다. 우리 집 마당 가운데 두레우물이 유적처럼 자리했었고 그 안은 고마움과 신비로움 선득한 공포감이 늘 공존했다. 거울을 보듯 우물 안을 들여다보면 역시 또 다른 세상이 들어있었다. 수선화라는 슬픈 이름의 꽃으로 피어난 나르시스가 생각나기도 했다. 허드렛물을 울타리 밑에 뿌릴 때면 마른 울타리 나무 위로 무성하게 번창하던 진초록의 강낭콩이 거슬렸다. 언제라도 엄마에게 억울한 야단을 맞게 되는 날엔 그 콩 덩굴을 타고서 하늘로 올라가야만 했다. 거인에게 들키지 않고 보물을 가져와야 했는데, 우리 집 콩 덩굴은 재크가 타고 올랐던 것처럼 굵지도 단단하지도 않았다. 나는 하루빨리 콩이 나무만큼 자라서 그 줄기가 갈색의 한 아름이 되길 바랐다. 누렁이 소와 콩 씨앗을 바꿨음 직한 언덕배기 아래에서.

- 가을

가을 들녘 도깨비 가시가 스웨터에 지겹게도 붙어댈 즈음이면 샛노랗고 앙증맞은 산국화도 지천이었다. 오전에는 있는 줄도 모르다가, 오후의 햇볕이 지랄 같아지면 더욱 진하고 예쁜 것이 향기도 두 배로 그윽해졌다. 그 순간엔 어리고 귀여운 빨간 모자 생각이 났다. 아픈 할머니를 위해 혼자서 심부름을 갔을 빨간 모자. 들판에 어우러진 산국화를 지나치며 할머니를 찾아가던 꼬마 아가씨의 마음으로 난 가을 길을 겅중겅중 뛰었다. 무슨 일이 있어도 늑대와는 말을 섞지 않겠다고 다짐하면서.

- 겨울

울 밖 석종이네 밭과 맞닿은 우리 밭 한가운데엔 추수하고 버려둔 수숫단이 있었다. 난 우리 밭에서 썩은 동아줄을 타던 호랑이가 떨어져 죽은 자리를 알아내고야 말았다. 음침한 겨울 모든 배경은 볏짚 색깔이었다. 장사를 마치고 힘겹게 고개를 넘던 엄마를 해치고 오누이까지 넘본 탐욕스런 호랑이가 떨어진 자리, 즉 피가 묻은 수수깡을 발견한 것이다. 무료한 일요일이면 지금쯤 산 고개 너머 그 호랑이가 우리 집을 향해 오고 있진 않을까? 바람에 덜컹대는 창호지 문을 뚫고서 밀가루 묻은 손을 쑥 내밀면 어떡하지 하는 심각한 고민에 빠질 때도 있었다. 멍청하게 속지 않으리라 다짐하며 난 얼음장 같은 문고리를 잠가야만 했었다.

오랜 세월이 흘렀다. 그 옛날 내가 읽은 동화를 생각하면 가끔 행복하기도 하고, 부끄럽지만 가슴이 뛸 때도 있다. 요즘의 아이들은 어떤 동화를 읽고 무럭무럭 예쁜 상상을 하고 있을지 문득 그 연초록 길을 엿보고 싶어진다.

시월의 어느 잔치

가을이 무르익으며 이 지역 곳곳에도 축제 분위기가 넘쳤다.

꽃들은 만개했고 햇살은 그 어느 때보다도 찬란했으며, 쪽빛 하늘은 티 한 점 허락하지 않았다.

시월의 멋진 날을 만들기 위한 다양한 프로그램이 준비되어 있었다. 주민들의 참여도를 높이려는 의도가 엿보였다. 거리에서 이뤄지는 갖가지 행사들은 평소 보기 힘들었던 볼거리와 즐길 거리로 이 고장의 또 다른 모습을 보여주고자 애쓴 흔적을 읽을 수 있었다.

길을 가다 약국 앞 광장에서 잠시 걸음을 멈췄다.

무대 앞에는 플라스틱 간이의자들이 마련되어 있었지만 앉아 있는 사람들은 열 손가락으로 꼽을 수 있을 만큼 썰렁했다. 행사가 한 곳에서만 열리는 게 아니고 여기저기 분산해서 열리고 있던 탓도 있지만, 웬일인지 너무도 휑한 탓에 '나'라도 자리를 좀 지키고 있어야 할 것 같았다. 잠시 후면 우리나라 전통 복장을 한 초등학생들의 난타 공연이 시작될 거라고 했다. 얼마 전까지 구경꾼이라고는 손으로 꼽을 정도였는데 어디선가 갑자기 웅성거리더니, 젊고 발랄한 여성들이 광장으로 들어섰다. 여기저기 반갑게 인사를 나누거나 크게들 웃고 있었다. 생명력 넘치는 풋풋한 웃음소리에서 주변을 즐겁게 하고 들뜨게 하는 강력한 에너지가 쏟아졌다. 그네들의 활기로 조용했던 읍내가 생동감으로 일렁거렸다. 삼삼오오 반갑게 담소하는 그녀들은 공연 준비하는 시간 내내 들떠 있었다.

드디어 움츠리고 있던 흥을 살짝살짝 건드려 가며 연주단들이 무대 위로 올랐다. 언제 어디에서들 연습을 했는지 그 어울림이 너무 기특했다. 둥둥 두두둥둥…. 신나게 한마음 되어 두드리고 두드렸다. 마음속에 깊이 감춰져 있던 불안감이나 괴로움의 앙금도 둥둥거리는 북소리의 응원에 힘입어 세상 밖으로 툴툴 떨치고 나올 것 같았다. 제아무리 잘났다 해도 혼자서는 할 수 없는 어울림이었다. 같이 하자고, 같이 두드리고 같이 느끼자고, 같이 행복해지자고, 함께하면 두려울 것이 없지 않으냐고 어린 학생들이 힘차게 독려했다. 많은 사람의 마음을 어느

한 곳으로 휘몰았다. 내 뒤에 계셨던 할머니의 추임새에도 신명이 올라 있었다. 박수 소리가 하늘 바깥으로 퍼졌다.

멀리 있는 듯하지만, 사실은 그리 멀지 않은 희망의 그곳으로 우리를 데려다줄 것만 같던 난타 소리가 잦아들 무렵이었다. 한 남학생이 무대 위에서 내려와 관중 앞에 우뚝 섰다. 눈매가 깊숙하니 이국적인 모습이었다. 그 아이는 얼마나 많이 연습한 것일까. 능수능란하게 상모돌리기에 열중하는 모습을 보노라니 나도 모르게 눈시울이 더워졌다. 아버지의 나라에서 아버지 나라의 풍류를 어쩜 저리도 잘 배웠을까. 우리 가락에 흥을 내맡긴 어깨춤의 유연함은 움직일 때마다 한 마리 나비의 날갯짓이었다. 날아온 자리를 되짚어 헤매는 듯 신묘한 곡선은 보는 내내 탄성을 자아내게 했다. 아이는 보는 사람 마음을 빼앗았지만, 나는 어느새 그 아이가 고마워지고 있었다. 얼굴색이 가무잡잡하고 눈매가 또렷한 아이는 황금 햇살 속에서 신명 나는 독무대를 즐겼다.

가뜩이나 아이 낳기를 기피하는 시대라지만, 시골에 아이들이 없다는 말은 어제오늘의 이야기가 아니다. 전교생을 통틀어도 학생 수는 턱없이 부족하다. 교직원의 수가 학생들의 수를 웃도는 마당에 소규모 학교 통폐합 문제가 불가피한 실정이기도 하다. 그나마 그 적은 수의 학생들 속에는 다문화가정의 아이들이 속해 있다. 불과 몇 년 사이 교실에도 여러 변화가 있었다. 피부색이 다르고 생김새가 다른 친구랑 짝이 되는 게 더는 특별한 일이 아니다. 생김새로 '너희'와 '우리'를 구분 짓는다는 건 아무런 의미가 없어져 버렸다.

지역의 작은 무대에서 여유롭게 상모를 돌리는 다문화 아이의 해맑은 모습은 얼마나 의젓하고 담대하며 또 아름다운가. 천진한 얼굴에 번지는 미소에 비해 어른들의 크고 작은 지역 이기주의와 배타적 정서는 얼마나 우스운 허울일까.

세계 속의 도시라고 자랑하면서도 아직도 많은 지역에 텃세가 만연하다. 머리로는 세계화를 외치면서도 마음으로는 학연과 지연을 셈하며 줄긋기를 하고 쉬이 마음을 내어주지 않는다. 세계 속으로 도약하고 싶다면 먼저 마음을 열어야 할 것이다.

어느덧 학생들의 공연이 끝남과 동시에 썰물처럼 젊은 여인들이 자리를 떴다. 그때야 알 수 있었다. 내 뒤로 자리를 꽉 채웠던 관중석의 외국인 여성들이 조금 전 무대 위에서 난타를 공연하던 학생들의 어머니였다는 걸. 믿고 싶지 않았지만 그녀들이 우르르 일어선 그 자리에는 주인 없는 빈 의자들이 썰렁함만 내뿜고 있었다. 넓디넓은 벌판에 형형색색 아름다운 꽃을 심어 가꾸고, 분주함을 가장했던 시월의 어느 잔치는 그렇게 저물고 있었다.

어른의 집

숲속 언덕 위 동화 속에나 나올 법한 성이 세워지던 날이다. 멀리서도 한눈에 띄던 원색의 뾰족지붕과 둥글둥글 호박 마차 모양이 멋들어졌다. 쾌적한 공기와 자연환경은 예전부터 엄마들이 선택하는 우선 조건이 되었다. 사랑받으며 자라는 아이들은 아침이면 그곳으로 갈 수 있었다. 새소리와 풀꽃 내음, 순한 햇살과 하얀 눈송이는 밤을 새워 아이들을 기다려도 지루함을 몰랐다. 천진스레 웃는 낯을 볼 수 있다면 백 년이라도 기다릴 작정이었다. 눈 뜨면 찾아오던 왕자와 공주들은 마음껏 뛰어놀았다. 더 넓은 세상으로 나가고 싶어 날마다 무지갯빛 꿈을 꾸었다.

만만찮은 보육료는 고스란히 부모의 몫이었다. 이래저래 까다

롭기만 하던 감면조건은 여지없이 멀기만 하고 어지간하지 않고서는 동사무소에 신청하기도 힘들었다. 그 성으로 보내려면 더욱 열심히 사는 수밖에 도리가 없었지만 하루가 다르게 아이들이 자라나는 모습을 볼 수 있어서 다행이었다.

그 언젠가 새로 지어지던 순간부터 그럴듯했던 언덕 위 성은 아직도 저만치서 견고한 위용을 자랑하고 있었다. 동화 속 장면 같은 놀이 기구와 아이들의 안전을 고려한 모습에 지나칠 때마다 미소가 머물곤 했다. 많다고만 여겨지던 방지턱 탓에 불쑥 성가심이 들썩일 때도 노란색 버스만 떠올리면 어느새 가라앉곤 했었다.

이십여 년 시간의 강이 흐르다 보니 아이들이 장대해져 있었지만 아기들은 귀해졌다. 각 지방자치 단체는 아이를 낳을 때마다 지원하는 사항을 명명백백 제시하기에 이르렀다. 출산장려 정책을 세우면 세울수록 '장려'라는 말에서는 한기가 돋았다. 어느 정도 자랄 때까지 양육비가 나오며 게다가 어린이집 보육료도 얼마 정도는 지원된다고 한다. 어마어마한 혜택임이 틀림없다. 아무리 그렇다 해도 그 정책을 믿고 아이를 낳겠다는 경우는 볼 수가 없다. 무엇이 두려운 건지 그 일은 점점 회피하는 세상이 되어 버렸다. 이전에 비하면 말할 수 없이 풍요롭지만 지금은 한없이 빈곤한 세대이다. 낳기만 하라며 지원을 약속해도 낳지 못하는 세대이니 말이다.

익숙해 있었던 탓일까? 아마도 그럴 것이다. 그렇지 않고서야 누가 상상을 했겠는가. 무심히 그 길을 스치며 바라본 이정표에는 노인 요양시설과 노인 복지센터의 간판이 서 있었다. 혹시나 해서 아이들이 뛰놀던 성 쪽을 바라보았다. 알록달록 원색의 담장과 뾰족지붕이 보였다. 친절하지만 겉도는 간판이 눈에 들어왔다. 언제부터 그 성의 용도가 바뀐 건지도 확실하지 않다.

슬픈 이야기였다. 그새 참 많은 일이 있었다지만 여러 가지 생각이 교차했다. 어린이집이 어른의 집이 된 상황은 절벽이 뻔한 미래를 '미리 보기' 하는 것과 다르지 않았다. 고령화 시대에 접어들었음은 알고 있었다지만 이런 식으로 변할 줄은 몰랐다. 초침의 운동 간격은 동일할진대 분명 과거와는 그 쌓이는 체감 속도가 다르다. 동화 속 성을 뛰놀던 아이들이 아직까지 홀로 서지 못했다. 산새들과 합창하던 그들은 때아닌 흙수저 금수저 타령을 하고 있었다. 그들의 부모 또한 나처럼 불확실한 세대를 살아가고 있다. 얼마 전 숫자에 둔감한 내 귀에조차 쏙 들어오는 뉴스를 접했다. 2025년에 오십 살이 되는 여성 중 열에 하나는 비혼 여성일 거라는 예측이 나왔다. 모르긴 몰라도 그 비율은 점점 높아질 것으로 추측된다.

아무래도 내 의식 속 시곗바늘은 점점 느리게 가고 싶은 눈치이다. 태엽을 감아줘도 모르는 척, 건전지를 바꿔줘도 고장 난 척 천천히 가고 싶은 게 분명하다. 어린이집은 어린이집으로 남길 바라는 나는 변화에 적응하지 못하는 건지도 모르겠다.

아침 풍경

날이 추워지면서 은근히 꾀가 나는 아침 산책이다. 막상 신발을 신고 나오면 몸과 마음이 상쾌하지만, 따뜻하고도 폭신해서 점점 나를 잡아당기는 아침잠의 유혹을 견뎌내는 건 늘 쉽지가 않다. 더구나 요즘처럼 날씨에 한기가 스며들기 시작하면 작은 핑계거리라도 찾느라 두리번대기도 한다. 잘 떠지지 않는 눈을 다시 감으며 갈등한다. 몽롱한 정신으로 흐린 창문의 커튼을 열 때마다 나는 은밀히, 또 어떤 날은 제법 절실히 비가 내리고 있길 바란 적이 몇 번 있었다. 아주 조심히 내리는 착한 비이면 안 된다. 어지간히 강단 있는 청년 같은 비라면, 꼼지락거리기 싫은 나태함에 웬만큼 변명이 가능하기 때문이다.

마음속에서 한바탕 전쟁을 치렀든 말든, 일단 밖에 나오니 공기엔 한 톨의 불순물도 없다. 잠깐 사이 거짓말처럼 신선이 되어 있다. 지난여름 허리가 휘는 것도 잊은 채 다슬기를 잡았던 그곳. 다리 위에서 강을 내려다보니 모래 위에는 누군가 볼펜으로 빗금을 지칠 때까지 그어 놓은 듯하다. 작고 가느다란 피라미 무리다. 수온이 낮아진 탓인지 모래가 훤히 비치는 물속에서 정체하는 듯 보이지만, 발을 멈추고 유심히 내려다보면 겨울잠을 자는 것 같은 그놈들도 약간씩 움직임을 알 수 있다.

세상에 생명 있는 모든 것들이 저마다의 삶에 최선을 다했다. 어느 순간이 되었던 가장 알차고 의기양양한 짧은 찰나를 위해 얼마나 경건한 땀을 훔쳐야 했던가. 봄의 신비함 뒤에서 감춰야 했던 나른한 고단함, 여름 한복판을 길길이 날뛰던 정열 뒤의 무력함, 풍요함을 가장하고 숨었던 가을의 고독함도 모두 내려놓은 채 한동안 쉬어도 좋은 계절이 침묵으로 흐른다.

무언가를 얻기 위한, 무언가를 갖기 위한, 무언가를 이루기 위해서가 아니다. 버리기 위한 시간, 놓아줘야 하는 시간, 누군가를 또 보내야 하는 시간이 남색 물빛으로 돌아왔다. 그 강물이 유유하다고 물살이 온순해졌다고 지난여름의 번들거리는 생채기까지 완전히 잊은 건 아닐 것이다. 겉으로는 애써 초연한 척 성숙한 척 보여도 어쩌면 찬 물살 속 진흙 범벅을 디디며 까닭 모를 아픔을 되새기는 중인지도 모른다. 모든 것을 용서받고 싶은 아침이고 모든 것이 아쉽기만 한 지난날이다.

나 같은 얼뜨기나 제 감정을 못 숨길 뿐이지. 노련한 사람들은 자기감정을 잘 다스리는 탓인지 겉으로는 내색을 잘 안 하는 경우도 있다. 상대방의 얼굴에 아쉬움이 숨었다고 그의 맘속까지 흔들림이 없다고 철석같이 믿는 건 바보 같은 짓이다. 얼마나 많이 남을 아프게 했던 건지, 그 사람 괜찮은 척 나를 용서하기로 애써 맘 달랜 적 없었을까. 나 또한 못나고 여린 사람이라 상처에 취약하고, 가끔은 태연한 척 서툰 연기를 하느라 입꼬리에 미세하게 힘든 경련이 일 때도 있다. 아직까지 내 맘 내가 다스리기가 이리도 미흡한데 역시 자연은 나보다 한 수 위임은 틀림없다.

겉보기에 느긋하고 평화로워 보이는 저 물오리 떼. 오차 없는 흐름을 유지 하느라, 저 광경을 계속하느라 보이지 않는 찬 물속에서 당기고 할퀴고 또 저어가며 얼마나 치열하게 물갈퀴를 혹사하는 걸까? 어찌 보면 지나치게 평범하다고 여겨지는 보통의 삶도 저 물오리와 같다는 생각이 든다. 남 보기엔 아무것 아닐지라도 노력 없인 절대로 불가능한 게 바로 평범함이다. 그 주목받지 않는 삶을 자세히 들여다보면 그것 자체가 인생의 지침서이며 백과사전이 되기도 한다.

세상에서 가장 아름다운 경치는 글로 쓴 경치이며 그다음이 그림으로 보는 경치, 마지막이 직접 보는 경치라고 하던데 맞는 말 같다. 그 어떤 글로 이 아침을 묘사해도 성에 차지 않을 게 뻔하니 말이다. 잠자리 털고 나오기 더욱 싫어지는 계절이지만 나오면 손해는 없다는 것, 그게 내가 사는 이곳의 특징이면서 이 동네 두둑한 배짱이기도 하다.

아침을 먹고 나니 제법 큰 송이의 눈이 내렸다. 내리며 녹는 바람에 쌓이진 않았지만 한 장 남은 달력을 위로 하는지 십이월 첫날 첫눈이 날렸다.

버들피리 불어 보니

분홍빛 설렘 속으로 감추고 있던 진달래 봉오리가 아니었다. 봄이 오고 있음을 알려주는 건 냇가에서 꿈틀거리는 버들강아지였다. 아직은 앙상해 보일지언정 머지않아 미끄덩한 수액이 푸른 잎을 틔울 거라며 물살의 떨림에도 귀 기울이던 모양새였다. 그래선지 정 한 번 더 가고 믿음이 가는 건 그 나무의 타고난 덕성이라 해두자. 손톱눈만큼이나 작은 솜털 희망처럼 품은 채, 어금니 앙다물고 꽃샘추위를 버티는 버들가지를 보면 지끈거리는 삶의 불머리도 가라앉힐 수 있었다. 관자놀이에서 쨍 소리가 날 만큼 정신이 번쩍 나곤 했다.

버들강아지를 찾아오던 아이들은 모두 떠나 '어른'이라는 어울리지도 않는 이름표를 달았다. 차디찬 외로움 견디고 보드라움

틔워낸 모습이 누군가 찾아오길 기다렸다는 상형문자처럼 보였다. 제법 살 오른 버들강아지를 보면 어딘가를 꿈꾸는 버릇이 있다. 목적지 없는 버스를 타고 싶어진다. 어느 해 그 봄날처럼…. 어쩌면 떠나온 곳으로 돌아가고 싶은 건지도 모른다. 미지근한 추억에 맨발 담그고 그 강을 찬찬히 거슬러 오른다.

쌍꺼풀이 유난히 도드라지던 아이는 국어 시간 제 이름을 부르는 소리에 겁을 먹고 일어났다. 양손에 힘주어 책상을 짚은 채로, 속눈썹 가지런한 두 눈 꼭 감았지만 계속 도돌이표의 반복이었다.

"여보셔요! 여보셔요! 그만 눈을 뜨셔요. 여보셔요 여보셔요…. 여보셔요 여보셔요…."

수없이 '여보셔요 여보셔요'만 부르기에 모두가 안타까웠던 그 시간. 큰 눈은 떠지지 않고 속만 타더랬다. '봄바람이 버드나무 가지를 쥐고 흔든다. 어서 파란 싹을 틔우라고'란 구절이 그리도 아까웠던 아이는 지금쯤 어디서 살고 있을까. 버드나무 가까운 데면 좋으리라.

햇살이 제법 나른한 오후의 강변이 와 보라고 손짓했다. 차량 통행이 금지된 오래된 다리 위에선 반짝이며 흐르는 물속의 모든 것들이 들여다보였다. 물 위로 솟은 크고 작은 돌 위에 물새들의 매무새 제법 일품이다. 한 마리씩 번갈아가며 강호가라도 읊는 눈치다. 강 옆구리 파르스름한 새 생명의 조바심이 불쑥 자라 있었다.

언젠가 한 적 있는 익숙한 솜씨로 버드나무를 후렸다. 물을 잔뜩 품고 있던 매끈한 껍질을 살짝 비틀어주길 오매불망 기다렸는가 보다. 버들피리쯤은 손쉽게 여러 개 만들 수 있었다. 굵다랗고 길게 자른 피리에서 바순(Bassoon)처럼 중후한 소리가 난다. 생각보다 엄청난 폐활량을 요구했다. 홀쭉한 피리의 채신없던 가벼움은 어느새 자진모리로 비어져 나온다. 부부우웅 우웅 우웅 삘리리리 필리이잉 필 뿌우웅 뿌웅 둘이서 몇 개의 피리를 바꾸어가며 불었다. 뱃가죽이 당장에라도 끊어질 듯 아프면서도 유쾌하다. 구슬픈 듯 느린 숨을 용케 참는다 싶으면 난데없는 휘모리장단이 소나기처럼 몰아친다.

어쩌면 우리의 인생과도 닮아 있는 이 가락을 불고 있음은 우연일까. 예측이 불가했던 피리 소리는 생각 이상의 높낮이와 셈여림, 진동을 갖추었다. 그것들의 어우러짐이 유별나게 독특했기에 내가 지닌 웃음 세포들이 별안간 혼비백산하여 쏟아져 나왔다. 하늘과 땅 사이 쨍하니 빛나던 파안대소가 삽시간 어딘가로 공기처럼 흩어졌다. 얼마 만이었던가. 버들피리를 불어본 것이.

유년시절 냇가에 머물던 옛 친구 얼굴이 또다시 스치는 순간이었다. 풍요로운 물소리를 들으며 버들가지를 비틀던 야윈 손목이 아른거렸다. 동그란 얼굴에 머리를 양옆으로 묶고 있던 그 친구가 보고 싶다. 외워지지 않던 시를 맞이하느라, 책상은 꼭 붙잡고 두 눈은 질끈 감은 채 몇 번이고 첫 소절만 반복하던 착하디착한 그 소녀가. 아닌 게 아니라, 그 동시는 '여보셔요 여보셔요' 하는 그 부분이 가장 아름답다는 걸 그 아인 이미 알았던 건지도 모를 일이다.

2.

아는 만큼 보이나 봐

나의 엉터리 '시간 사용 설명서'

24절기 상 스무 번째이자 소설인 오늘. 가냘프지만 그래서 더욱 반가울 법한 첫눈은 끝내 오지 않으려나 보다. 아침부터 하늘이 꾸물대기만 하더니 내리는 듯 마는 듯이 하는 게으른 가을비 때문일까? 아주 잠깐만이라도 좋으니 스물네 절기가 모두 지나기 전에 딱 보름만이라도 시간이 더디게 가는 절기가 추가된다면 어떨까? 하는 공상을 해보았다.

상상만으로도 주머니가 두둑해지는 느낌이다. 나 좋자고 열심히 했을 뿐인데 포상이라도 받은 듯한, 한없는 충만감이 하늘 끝까지 처닿을 듯하니 내 마음은 이토록 유치하다. 다른 사람들에게도 묻고 싶어졌다. 일 년 삼백하고도 육십오일. 많다면 많고 부족하다면 부족할 수 있는 날 중에서 보름 정도 시간이 두 배로 더디게 간다면, 공짜로 생긴 그 보름을 언제 어떻게 사용하고 싶은지.

보름이 아니라 단 하루의 보너스도 일분일초의 덤도 내게 있을 리가 만무하다. 이왕에 공상을 거듭하다 보니 내가 마음먹기에 따라서 그 보름 값어치 정도는 미리 쟁여 둘 수도 있다는 생각이 든다. 가령 하루에 아주 조금씩 티 안 나게 그다음을 계획하고 준비했더라면 한 삼사일 벌었을 테고, 조금만 덜 우물쭈물했더라면 거기서도 한 사나흘은 남겼을 거다. 조금 더 일찍 시작했더라면, 미루지만 않았더라면 쓸데없이 바보상자에 정신만 팔지 않았어도 한 일주일의 새로운 날이 남아돌 듯도 싶다.

시간이 없다는 건 핑계일 뿐 시간을 마련하는데 인색했다는 생각이 들고 시간이 애매했었다는 건 그 일을 우선시하지 않았음에 대한 변명일 뿐이었다.

누군가처럼 아주 열심히 이 한 몸 불태워서 뭔가에 미쳐서 살아오진 못했다. 그렇다고 대충 시간을 흘려버리려고 작심한 적도 없고 농땡이도 즐기지는 않았다. 남에게 일부러 해코지도 크게 한 적 없는데 지금의 이 자리가 바로 내 자리라고 한다. 있는 듯 없는 듯 아주 평범한 나의 자리, 묵묵히 표 안 나게 살아가며 때론 아프면서도 미련스럽게 참아보는 나의 이 자리. 별것도 아닌 소소한 감동에 눈물이 핑 돌기도 하는 변덕스러운 나의 자리지만 현재의 나만의 절기가 무척이나 소중하다.

오랜만에 소중한 벗들을 만나면 나의 모습을 거울인 양 오묘하게 반추하면서 지난 추억을 어여뻐 하고, 이젠 자신 없어진 건강을 두려워도 하고 그나마 현재의 아슬아슬한 안정이나마 꼭 붙들어 매 놓고 싶어 내 발자국을 달래가며 종종거린다.

내 인생을 24절기에 비유해 본다. 입춘, 우수, 경칩 같은 젊고 싱그러웠던 날들은 허깨비처럼 사라졌음을 인정해야 할 때다. 미처 세월 가는 것도 의식 못 할 만큼 뭔가를 쫓기에 급급했던 때였다. 주위를 살피는 건 고사하고 생각이 얕을 수밖에 없던 그런 절기였다고 맘으로나마 위로해 본다. 그렇다고 상실감만 곱씹는 건 비겁한 일이다. 아직 남아 있는 절기들에도 지금보다 더 중한 책임을 져야만 한다.

미련 많은 가을비 탓일까? 왠지 오늘 더디게 가는 느낌이다. 설마 내가 시간을 번 건 아닐 테고 이젠 상자 속 추억을 정리해야만 할 때다. 미래의 내가 회상했을 때 그냥 흘려버린 시간이 아닌, 커피 한잔 마시면서 추억을 새길 수 있는 그런 오늘이기를 바라면서.

분실의 기억

마른 풀을 밟는 그 느낌이 좋았다. 오후의 햇빛이 유난히 찬란하던 봄날이었다.

아지랑이 피어오르는 논둑에서 주웠던 책 한 권은 『태백산맥』(제1부 3권)이었다. 거기에 홀린 나는 1권부터 한 권 한 권 짬이 생길 때마다 서점으로 달려갔다. 가슴 속이 찌르르했고 왠지 모르게 뜨거웠으며 든든했었다. 당시에 그 책을 더 흥미 있게 읽을 수 있었던 이유는 독자로서 '소설 읽기'를 지나쳐 상상 속 '영화 찍기' 덕분이었다. 나는 어느새 영화감독이 되어 있었다. 주인공과 그 많고도 많은 주변 인물들의 캐스팅을 일일이 물색해가며 읽었다. 김범우, 하대치, 염상진, 염상구, 소화 역할엔 누가 안성맞춤인가 누가 사투리 구사를 잘할 수 있을까? 하는 염려까지 하면서.

그로부터 몇 년 후 임권택 감독은 소설 태백산맥을 영화로 만들었다. 내가 점찍었던 배우는 출연하지 않았지만 그 뛰어난 감독이 영화를 만들어 준 것에 감사하다. 어차피 나는 상상만으로 그칠 게 뻔했으니까. 이후로 그런 식으로 읽은 책은 두 번 다시 없었으니 암튼 내겐 너무도 강력한 불도장을 남긴 책이다.

살다 보면 어떠한 형태의 충격이든 어떠한 느낌이든 어느 계절의 풍광이든 자식에게 꼭 전해주고 싶은 순간이 간혹 생길 때가 있다. 내가 한 권 한 권 소중히 마련했고 지켜온 그 책을 내 자녀가 읽어 보기 바랄 때도 있듯이 말이다. 하지만 순간의 오묘한 타이밍은 상상할 수 없던 결과를 턱 하고 내놓기를 즐기기라도 하는지, 준비할 수 있는 시간이란 의외로 아무 때나 있는 게 아니었다.

처녀 때부터 가지고 있던 책들은 나를 따라 여기저기 이사를 다녔다. 어떤 집에서는 책장이 코너에 안락하게 자리 잡았던 적도 있었고, 어떤 곳에서는 방이 좁아 베란다에서 어정쩡하게 햇빛을 받고 서 있기도 했다. 나는 아이가 제 방을 침범하고 있던, 무게를 못 이겨 합판이 휘어지던 싸구려 책장 따위엔 무관심한 줄 알았다.

내가 없던 어느 날 그 아인 방 정리를 하고 싶었다. 샛노란 이불이 깔린 침대와 자기 책상만으로도 방은 꽉 찬 지 오래였다. 어릴 때 읽었던 동화책이랑 위인전집 다 쓴 교재나 안 보는 책들을 몇 묶음이나 분리수거장으로 내어 날랐다. 초등학생 눈으로 보기엔 거무죽죽한 표지의 태백산맥 열 권도 안 보는 책 중에 속해 있었다. 뒤늦게 이 사실을 알고 부리나케 분리수거장으로 달려나갔다. 이미 깨끗한 비질의 흔적만 남긴 채 청소까지 되어 있었다. 어차피 이렇게 된 거 무게로 달아서 파는 단순폐지로 사라지지 않았기를, 누군가가 횡재한 듯 기쁘게 가져가서 읽기를 바라는 수밖에 없었다. 혹시 고물상에 팔려 갔다가도 누군가에 의해서 추려졌기를 아직도 바라고 있다.

오늘 조정래의 『대장경』을 이틀에 걸쳐 읽어 내렸다. 처음엔 집중이 어려웠으나 오늘 막바지 부분을 읽어 나가며 자꾸 눈물이 나는 이유를 나조차 모를 일이다. 날이 추워선지 자꾸만 흘러내렸다. 눈이 시린 건지 손이 시린 건지 마음이 시린 것인지 정확한 이유를 알 수 없는데 기어이 소리 없이 흐른다.

힘없는 나라였기에 예부터 끝없이 당하기만 했던 민족이었다. 민초들의 삶은 처참하기만 하였다. 자신의 안위 따위는 염두에 두지 않는 그들의 끊임없는 생명력에 나도 모르게 손에 땀이 쥐어졌다. 힘이 솟다가는 마음이 졸여지기도 했다.

참으로 묘하다. 스무 살 나에게 우연히 손에 쥐어졌던 『태백산맥』 한 권, 난 그 책을 통해서 무엇을 알았던 것인가. 무엇이

나로 하여금 조정래라는 인물을 뚜렷이 기억하게끔 했을까. 한동안 돌림병을 앓듯이 그의 자취를 좇아서 그가 쓴 작품을 찾아 읽기도 했다. 읽으면서 내내, 읽고 나서도 마음 편했던 작품은 없었다. 그 불편해지는 마음도 중독이 되는가 보다.

어디선가 들었던 소리. 엔도르핀보다 4천여 배가 강력하다는 다이돌핀 때문일까. 아니면 오늘도 우울한 뉴스 탓에 혹시라도 내가 울고 싶었던 건 아닐까?

내 손가락 파이팅

예전부터 기회가 되면 수어(수화)를 배우고 싶던 참이다. 마침 동네 복지관에서 프로그램을 운영한다기에 서둘러 신청했다. 일주일에 두 번 새로운 언어의 세계에 접어든다는 건 묘한 설렘과 기분 좋은 기다림의 그럴듯한 어울림이었다. 첫날엔 강사 소개 교육 목표 농아인과 수어에 대한 이해와 자기소개가 있었고, 둘째 날은 표현하기와 인사하기에 대해 배웠다. 외모 상태 상황 전부를 표정과 몸짓만으로 묘사해야 했는데 생각처럼 쉽지가 않았다. 지금 내가 소리를 들을 수 있고 말을 할 수 있다는 당연함이 글자 그대로 축복이란 걸 새삼 깨닫는 순간이었다.

보통의 귀로 듣는 음성 언어와 달리 보이는 언어이기에 기쁨, 고마움, 반가움, 좋음, 웃김, 예쁨, 슬픔, 우울함, 서운함, 황홀함, 미움, 싫음, 당황, 시샘, 시끄러움 따위를 표정으로 나타내야 했다. 한 마디만 뱉어내면 되는 다양한 상태를 말없이 표현하는 건 맨몸으로 바위에 부딪히는 것처럼 두려움과 아찔함의 연속이었다. 한 가지 부끄러웠던 건 다른 감정표현은 모호하고 어설펐지만 그래도 자신 있는 표정이 있었는데, 안타깝게도 '싫음' '짜증'의 표현이었다. 하고 많은 숱한 표정 중에서 겨우 그럴 듯하게 표현할 수 있는 게 그거라니 우울한 낭패감에 얼굴만 달아올랐다.

아마 갓난아기를 키워 본 사람이라면 알 수 있을 것이다. 어린것의 표정만으로 만족, 불편함, 배고픔, 호기심 등을 헤아릴 수 있다는 사실 말이다. 아이의 천진난만하고 해맑은 표정들은 언제부터 덜 쓰이게 되는 것일까. 정해진 테두리에서 학습하기 시작하는 시기, 어찌 보면 그 기특한 순간부터 얼굴엔 경직된 근육들이 자동 저장되는 것은 아닐는지. 우리가 살아가면서 쓸데없이 많은 힘을 주며 사는 것도 같다. 잔뜩 들어간 그 힘 때문에 결국은 자기 자신의 몸과 마음 모두가 더 힘들어질 수도 있다는 생각이 들었다. 성장하면서 습득되는 관습이나 사회적 위치 그것도 아니라면 하다못해 가족 간 서열 따위에서 요구되는 표정도 지나치게 엄숙하고 굳은 것은 아닐까. 의식도 못 하는 사이 긴장이 몸에 배어 있고 경직을 둘러맨 채 무겁게들 살고 있는 것 같았다. 몇 가지 표정을 제외하고는 어색해서 어쩔 줄 모르는 내 모습을 할 수만 있다면 못 본 체하고 싶었다.

잠시 쉬는 시간을 마치고 지문자 자음과 모음을 배웠는데 도무지 말을 들어 먹지 않는 손가락 때문에 우린 참 슬프게들 웃었다. 생활 속에서는 아무 불편이 없던 손이지만 그 손짓으로 소통하는 데는 시간이 한참 걸려야 할 것 같다. 평소엔 못 느꼈지만 손으로 뭔가를 나타내려니 왜 뜻대로 고부라지지도 않고 뻗대는 것이며 또 펴지지도 않는 건지. 내 옆 초등학생 수강생은 곧잘 펴는 것을 보니 오랜 습관 탓에 굳어 버린 게 분명한 듯싶었다. 어쩌자고 표정이고 손짓이고 내 편이 아닌 건지 이토록 지독한 몸치인 줄을 나조차도 모르고 살았나 보다. 사물이건 사람이건 보는 관점에 따라서 그 입장도 변하기 마련이다. 청인인 내가 농인의 언어인 수어를 어느 정도 이해하려면 계속되는 관심과 연습이 뒤따라야만 할 것이다. 그들의 입장에서 보면 자신들의 언어를 둔하게 이해하는 답답한 사람이 '나'이다.

게다가 내 오른손 검지와 중지엔 어린 시절 겨울방학만 되면 종일 썰매만 타던 개구쟁이와 작두 장난을 하다가 생긴 상처가 있다. 말 안 듣는 손가락 탓에 자꾸 그 상처가 눈앞에서 어물대면서 심지어 이젠 그 흉터만 돋보이니 이 무슨 조화일까? 37년을 추억하며 살았던 상처인데, 손가락이 고집을 부릴수록 개구쟁이 그놈이 생각나니 참으로 얄궂은 게 사람 마음인 듯싶다. 도대체 얼마나 많은 것들이 잊히고 굳어지는 게 삶이라는 것인가. 또 얼마나 많은 것들을 배우고 익히는 게 삶일까? 아무튼, 그래도 지루하지 않아 좋은 것이 삶인 것도 같다. 그나저나 적잖이 연습해야만 이제는 다른 여자 옆지기가 된 그 녀석 생각도 덜할 것이다.

가끔 종부 다리에서 마주치던 눈이 맑던 이를 또 만나면 수어로 대화도 하고 싶다. 날씨가 참 좋아서 강물 색이 너무 예쁜데 물고기는 많이 잡으셨냐고.

지랄 총량의 법칙

'지랄 총량의 법칙'은 김두식 교수가 쓴 「불편해도 괜찮아」에 나오는 용어다. 내가 이 말을 처음 접했을 때 괜스레 공감이 갔던 기억이 난다. 사람마다 일생동안 다 쓰고 가야 할 '지랄'의 총량이 있다고 하는데 대략 이런 내용으로 기억된다.

학교 다니면서 한 번도 말썽이 없고 반항하지 않는다고 자랑하지 말 것이며, 더군다나 맘 푹 놓고 안심하지 말 것이다. 남 보기에 속 안 썩히고 무난하다고 무조건 좋은 것만도 아니다. 차라리 사춘기 때 생으로 열병을 앓듯 지랄을 하는 것이, 그리하여 자기에게 주어진 지랄의 양을 어느 정도는 그때마다 소진시키는 것이 더 낫다. 서른이 넘어서 혹은 결혼이라도 한 후에 아니면 직장 생활 중에 난데없이 화산처럼 폭발하는 것보다는 백배 천배 다행으로 여겨라 그것이다.

내리 준 사랑만큼은 아니더라도 좀처럼 바람대로 되지 않는 게 자녀 문제이다. 어디 가서 속 시원히 말도 못 하고 남몰래 가슴 훑는 부모들에겐 잠깐이나마 한숨 고르고 몇 발짝 떨어져 기다릴 수 있게 하는 말이기도 하다.

'지랄'은 어찌 보면 욕 같기도 한 말이다. 어떤 행동을 비웃으며 속되게 얕잡아 이르는 말 같지만, 사춘기 아이들에겐 자신의 표출이기도 하고 또 누군가에겐 내재된 욕망이나 에너지의 반영이기도 하다. 저 나름의 이념이나 사고의 분출 같은 것이리라. 답답한 마음을 뻥 뚫어주는 직방 효과는 없지만 그래도 진정은 시켜주는 '약' 같은 그 말, 어쩜 말도 참 그럴듯하게 잘 표현했는지 지랄 총량의 법칙이라면 대충 이런 뜻이었다.

그렇다면 그 총량이란 게 대략 얼마쯤이나 되는지 알 방법은 없을까. 사람마다 대부분 비등비등한 것인지, 그게 아니라면 성품 온순한 사람은 삼신할머니가 덜 주시는 건지도 모르겠다. 성질머리 더러운 사람은 그거라도 더 많이 갖고 태어나는 것은 아닐까? 이 대목에서 곰곰이 나를 생각하니 아마 남들 갖는 평균치보다는 좀 더 많이 갖고 태어나지 않았나 싶다. 예전보다는 둥글어졌다고, 무뎌졌다고 안심하다가도 불의 앞에서는 예고 없이 날을 세우기도 하고, 경우가 아닌 듯한 상황 앞에서는 직설적인 발언도 서슴지 않으니 말이다. 그 순간 속은 시원하지만 치러야 할 대가 또한 따르기 마련이다. 아무리 내 잘못이 아니었어도 후회가 되곤 할 때가 많다. 조금만 더 있다가, 낮은 톤으로 천천히 얘기해도 되었을 텐데 하면서….

예전엔 미처 몰랐던 걸 뒤늦게 깨달은 사실이 있다. 화가 나거나 열이 오를 때는 잠시 말을 쉬는 것이 옳다는 생각이 든다.

'지금 알고 있는 것을 그때도 알았더라면' 류시화 시인의 명문은 어쩌면 이렇게 내 맘을 잘 표현하는지. 시인은 달리 시인이 아닌가 보다. 절묘하게 공감하는 상황이 거듭될수록 내가 가진 지랄의 양은 차츰차츰 줄어들겠지. 도대체 얼마의 비율을 사춘기 때, 혹은 젊어서들 소진해 버리는 게 남은 일생에 덜 미안해질 것인가.

옛 선인께선 사십에 흔들림이 없었고 오십에 이르러서는 하늘의 뜻을 짐작한다고 말씀하셨건만, 요즘 세대엔 턱없이 어울리지 않는 말인 듯하다. 부끄러운 고백이지만 나는 여전히 온갖 화제에 쉬이 정신을 내어주기에 바쁘다. 기쁜 일이든 억울한 일이든 쉽게 흥분하고 하루에도 몇 번씩 갈등의 고개를 넘나든다. 심지어 내 감정을 먼저 응원하느라 남의 마음을 못 읽는 소경이 되었던 적도 허다하다. 지나온 삶을 생각해 보면 아쉬움이 태반이라 인생 낙제생 같은 기분이 들지만, 늦게 피는 꽃도 분명 있는 것처럼 이제라도 주위를 가꾸는 마음으로 살아가련다. 불혹을 지나 지천명으로 가는 고개의 중턱에 선 지금 내게 남은 지랄의 잔여 눈금이 그리 많지 않았으면 좋겠다.

글자의 매력

어느 순간부터 활자와 친하게 지내기 시작한 건지는 모른다. 내가 활자더러 잘 지내보자고 한 건지, 활자가 나를 생각해서 끼워준 건지 기억이 나질 않지만 글자를 읽는 것이 행복했었다. 참으로 종이가 귀하던 당시 지금의 화장지가 말 그대로 휴지가 되기 이전의 시절이었다. 그때 신문의 용도는 무척이나 다양했기에 물건을 쌀 때면 그대로 포장지로 이용되기도 했고, 흙벽을 바르는 애벌 도배지로 이용되기도 했다. 급하면 급한 대로 그냥 신문지만 발라져 있기도 했기에 벽에 그대로 붙어 있는 신문 기사 글자를 거꾸로 맞춰가며 읽어 내리는 색다른 경험을 주기도 했다.

재래식 화장실에서 읽던 신문 기사나 만화책 주간지 등의 내용은 이상하게 호기심을 발동시켰다. 그 재질 허접스러운 종이의 글자에는 무언가를 집중시키는 묘하고도 강력한 힘이 있었다. 그때부터 나름대로 글자를 항상 가까이 두고 살았는데 대부분은 글자를 읽느라고 내 옆에 두었고, 때로는 사기도 했고 정해진 날짜를 기약하고 빌리기도 하였다. 사람마다 다르겠지만 책을 읽는 것도 어느 정도는 중독되기 쉽고 어떤 글귀가 마음을 건드리기라도 하면 자꾸만 그 사람의 발자취를 찾아가고 싶어진다. 나의 경우에도 몇몇 그런 사람들이 있었고 그분들 글은 고의성은 없었을지라도 내 삶에 어느 부분 정도는 영향을 주기도 했었다.

언젠가부터 나도 조금씩 글을 쓰고 있었다. 기록 삼아 재미 삼아 고백 삼아서 순간순간의 감정을 사실대로 적어 내려갔다. 말로 하는 모든 것은 아무리 주옥같은 명언일지라도 흔적 없이 휘발해 버리지만 글을 쓰는 것은 그와는 정반대였다. 아무리 허접하고 가치 없는 낙서일지라도 내가 처리하기 전에는 언제고 다시 볼 수 있었다. 말로 하는 상처나 비방은 잊히기도 하고 잊어버리면 그만이지만 글로 남기는 것은 더 깊게 새겨지는 것이다. 그런 면에서 한 번 더 생각하게 되었다. 말로 하는 것은 순간순간에 솔직하고 충실하면 되는 것이지만 글을 쓰면서부터는 그 이후까지 내다보는 여유가 조금 생겼다고 할까. 확실히 예전

보다는 성숙해진 나 자신을 느꼈다. 말이나 행동을 함에서도 일말의 책임감도 들었다. 누군가가 내뱉은 말이 어떨 땐 내게로 날아와 날카로운 비수가 되기도 했고, 방어하기조차 힘들 정도로 무기력한 실망감에 털썩 주저앉아 마냥 울고 싶기도 했었다. 그렇게 혼미하고 속상해서 어수선하던 순간에도 내 맘을 차분히 정리할 수 있었던 건 글쓰기 덕분이었다. 마음불편하고 억울한 내게서 조금 이탈하여서 나를 객관적으로 볼 수도 있었다.

상대방의 입장도 헤아리고 나니 뭐 그렇게 억울할 일도 그렇게 괘씸할 일도 그리 큰일은 아니었다. 모두 내 손끝 아래의 일일 뿐이었다. 글쓰기로 내 맘을 내가 치료할 수 있다는 게 신기했다. 나를 제일 잘 아는 사람은 '나'이다. 내가 나를 마주 보는 일, 내가 나에게 고백하는 일, 내가 나에게 질문하는 일을 글쓰기를 통해서 이룰 수 있다. 사람 사는 모든 일에는 내가 깨닫고, 유심히 보고 배워야 할 무언가가 있었기 때문에 사람이나 사물을 진심으로 대할 줄도 알게 되었다. 세상의 모든 것은 나만의 글로 남길 수 있는 소재가 되었다. 누구에게나 찬란히 빛나는 순간순간이 있다. 땀 흘린 뒤에 불어오는 바람 한 점을 놓치지 않는 행운의 순간 같은 기쁘고 행복한 시간을 글자로 남기다 보면 그 기쁨을 두 배로 누릴 수도 있었다.

남이 쓴 글을 읽는 것보다 그 사람을 확실히 알 수 있는 방법은 없다고 본다. 그 이유는 바로 글만이 갖고 있는 진실성 때문이다. 글을 읽으며 어느 정도 그 사람의 내면을 이해할 수도 있고 내게 없는 그 무엇을 배우게도 되니 이보다 효율적인 마음 수양이 또 있을까. 글자라는 것을 배울 수 있던 게 새삼 감사한 만큼 그걸 활용해서 좋은 글을 많이 읽고 어루만져야 한다는 생각을 해본다. 나는 오늘도 글자가 주는 매력에 빠져 있었다.

아는 만큼 보이나 봐

계절이 가을이니만큼 곳곳에 각양각색의 국화가 많이 보인다. 이미 피어 있는 송이도 있고 아직 몽우리로 웅크린 채 머지않은 꽃 잔치에 만반의 채비를 하는 녀석들도 있다. 그리고 또 하나의 가을꽃 맨드라미도 그 주가를 매일 매일 상승시키는 시기가 바로 요즘이다.

사실 맨드라미는 여름에도 개화하지만 그 꽃은 가을 한낮 농익은 햇살과의 궁합이 더없이 좋아 보인다. 윤기 흐르는 깃털을 자랑하는 수탉의 도도한 '볏' 같기도 하고 색상이 하도 선명하고 꽃잎이 견고해서 백 년은 해질 것 같지 않을 벨벳 레이스 같기도 하다.

어릴 적 장독대 돌 틈 사이에 저절로 씨 떨어져 곱게 피던 맨드라미. 회갑이나 잔치 같은 경사스런 날이면 그 씨앗에 알록달록 물을 들여 증편을 만들어 잔칫상에 올렸다. 볕이 좋아 더 서러운 가을이 오면 숙연하게 문창호지를 새로 발랐는데, 아낙들은 순백의 창호지 문에 미리 책갈피에 끼워 놓았던 누른 꽃을 고이 바르며 무언의 염원을 담아내기도 했었다. 우리 집의 문창호지가 멋을 부릴 때면 맨드라미를 꽃장식으로 애용해서인지, 왠지 모르게 아직까지 친숙하게 느껴지는 꽃이다. 굳이 마음 줘서 가꾸려고 안 해도 제가 알아서 잘 피는 순한 놈이라 그때는 솔직히 고운 줄도 몰랐었다. 취향도 변하는지 쏟아지는 가을 햇살을 그 고운 프릴 치마 맵시로 뽐내듯이 반겨대는 맨드라미가 점점 좋아진다.

여름 내내 그랬다. 작은 방 창문을 열면 보이는 그 무리들이 내겐 거슬렸다. 분명 꽃은 꽃이고, 잎을 보면 맨드라미의 일종인 듯한데 왜 심은 걸까. 저리도 멋대가리 없고 어정쩡한 꽃을 위해서 저토록 넓은 면적을 도대체 왜 내어 준걸까. 다른 꽃도 쌔고 쌨는데…. 물론 꽃이라 해서 무조건 다 눈에 띄어 사람맘 홀리라는 건 아니지만, 나름 잡초의 꽃이라도 눈에 익으면 소박하고 앙증맞고 친근감이라도 들지 않던가. 그것들은 매일을 보아도 정이 안 갔다. 우리 토종 생태계를 마구 파괴하는 '황소개구리'나 '배스'라는 외래어종이 자꾸 떠오르면서 '저렇게 키만 싱겁게 큰 맨드라미를 도대체 왜 심은 걸까.' 이해하기 어려웠던 의문은 그 꽃과 마주칠 때마다 고약한 버릇처럼 무시로 찾아왔다. 나라면 더 예쁘고 기품 있는 맨드라미를 심었을 텐데. 꼴 보기 싫으면 더 눈에 잘 띄는 것일까. 산책하러 나갈 때도 찔끔 한 무더기, 집집 담 밑에도 한 무더기, 근처 계곡에 천렵이라도 갈 때면 아예 밭으로 몇 고랑씩 심어져 있었는데 난 그것을 그냥 관상용 꽃으로만 알았고 심은 사람의 취향과 안목만 탓했다.

아주 우연히 알게 되었다. 내가 대놓고 괄시했던 꽃 맨드라미보다 쓸데없이 많은 면적을 차지했던 그 꽃 거무죽죽 붉은 잎에 싱겁게도 키만 껑충 컸던, 배스랑 친하고 황소개구리랑 사촌일 것 같아서 정이 안 가던 그 꽃이 '아마란스'였다는 걸. 아마란스 아마란스 어디서 많이 듣긴 들었는데. 강원도 소식을 집중적으로 알려주는 라디오에서 여러 번 듣기는 했지만, 신비감마저 느껴지는 이름의 주인이 그 꺽다리 꽃인 것은 그렇게 한참이 흐른 뒤에야 알 수 있었다. 이런 경우는 일상생활 속에서도 곧잘 경험하곤 하는데, 내가 아는 사람이 알고 보니 내 지인에게도 소중한 벗이었던 경우와 비슷하다고 본다. 괜히 타박만 했던 것이 미안한 마음에 여기저기 찾아보니 맨드라미와 같은 비름과의 식물이고, 잎은 차를 끓여 먹고 그 꽃씨는 급기야 슈퍼 곡물이라는 훈장 같은 찬사까지 얻기에 이르렀다. '슈퍼 곡물'에서 눈치채듯 여러 가지 요리에 응용하기도 해서 그 쓰임새가 제법 귀하다고 했다. 시리얼로도 섭취하고 밥을 지을 때 넣어 먹으면 혈당을 낮춰준다고 하니 고혈압, 동맥경화 같은 성인병을 갖고 있는 사람에겐 단순한 '식물'이 아니라 '선물'일 수도 있을 것이다. 그게 다인 줄 알았는데 피부에도 좋아 화장품의 원료로도 쓰인다고 하니 버릴 게 하나 없는 높은 가치를 지닌 식물이었다.

아는 것이 힘이기 이전에 아는 만큼 보인다는 것을 이번에 제대로 깨달았다. 사람이건 사물이건 간에 눈에 보이는 잣대로만 평가한다는 것은 이기적인 속단이라는 생각이 들었다. 괜히 그 귀하고도 귀한 아마란스가 나처럼 단순하고 무지한 사람에게 여름 내내 받았을 홀대에 꺽다리가 자존심 꽤나 상했을 터였다. 미처 몰랐기에 용감하게 무식한 셈이었고, 무지하니 단순했던 또 하나의 경험이 된 셈이다. 그리고 거의 99%의 확률인데 내년에 만약 또 이 꽃을 보게 되면 요놈이 자주 보이니 정이 든다고 생각하면서 꽤나 나와 친해졌다고 느낄 만도 하다.

몰라도 좋았을 '우롱'

'丙申年'이라는 이름이 어색하기만 했던 새해가 시작된 지 어느덧 석 달이 되어간다. 이십 대 때는 세월이 20㎞로 더디 가지만, 오십 대는 50㎞로, 칠십 대에는 70㎞로 비례한다던 우스갯소리가 절대 명제처럼 실감이 난다. 나는 세상을 사는데 지금까지도 수습생 딱지를 떼지 못했고 사람과의 관계에서 여전히 미숙하지만, 주어진 삶을 여행하면서 시나브로 버거워지는 가속을 느끼는 중이다. 여행이란 게 그렇듯 생각해 본 적이 없던 곳을 지나쳐야만 할 때도 있고, 보고 싶지 않은 것을 보아야만 할 때도 있다. 반면 예상치 못한 짧은 '짬'에서 행복의 찰나를 깨닫기도 하니 다행히 밑지는 장사는 아니다.

오래전에 떠나온 그 길을 되새길 때면 늘 피하고 싶은 구간이 있다. 열다섯 살 순간에서 발길이 멈춰지고, 집과 교실이 정지된 화면처럼 시선을 잡아당긴다. 친구를 사귀기도 어려운 나이가 되었지만, 그땐 친구가 이 세상의 전부나 마찬가지였다. 중학교 다니던 시절 첫차를 타려면 새벽부터 일어나 이른 조반을 먹어야 했다. 잘 떠지지 않는 눈을 비벼가며 초여름 신선한 아침에 나는 부엌에서 밥 먹다 말고 훌쩍거렸다.

엄마는 놀라며 왜 우냐고 물으셨다. 졸업하여 교정을 떠나면 정들었던 친구들과 영영 헤어지는 게 아니냐며, 목구멍 아래 간신히 누르고 있던 울음덩이들이 울컥 터져 나왔다. 어이없어하던 엄마는 졸업하고도 만날 수 있는 거라고 하셨지만, 내 머릿속으로는 교문을 나섬과 동시에 갈 길이 다르다는 생각으로 갑자기 급우들 하나하나가 애틋해졌고 헤어져서는 못 살 것 같았다. 끝까지 함께 가는 것은 아무것도 없는데, 학급 친구와의 우정이 영원하리라 믿었던 그 마음은 얼마나 순수했단 말인가.

책이건 노트건 여백이 보이는 대로 낙서를 해대던, 자유분방하고 공상을 좋아하던 소녀였다. 그때는 영어 청취력 평가를 했는데, 관내 학교별로 결과를 내다보니 영어성적 향상에 모든 과목 선생님의 노력이 이만저만이 아니었다. 담임선생님은 다섯 명씩 조를 짜서 같이 공부하도록 하였다. 교과서 본문을 암기하고 단어 숙어를 외우는데, 개별로 하는 것보다 서로 도와가면서

실력을 향상하라는 의도였을 것이다. 우리들의 의사가 아닌 선생님의 주관적인 판단으로 조원들이 구성되었는데, 나는 그나마 조금 성적이 낫다는 이유로 조장이 되어야 했다. 단짝이든 평소에 친하지 않던 아이들이든 무작위로 맺어진 다섯 명은 청취력 평가가 끝날 때까지는 공동체 운명이었다. 눈감고 교과서를 통째로 외워야 했고 툭하면 단어시험을 보았으며, 성적이 좋지 않으면 교실에 남아 공부를 더 하고 가거나 일요일에도 등교할 지경이었다.

우리 조에는 공부와는 친하지 않던 아이가 있었다. 학교의 영어 평균 성적을 높이려면, 조원 모두의 성적 향상이 우선이었고 거기엔 공동의 책임이 짓누를 수밖에 없었다.

지금 생각해보면 참으로 우스운 방식의 학습법이며, 그렇게까지 해야만 했던가 하는 생각도 든다. 공부와 담쌓고 사는 아이에게도 그만의 장점이 분명히 있었을 테지만 잣대는 오직 성적 하나였으니 얼마나 답답했을까.

어느 날 아침이었다. 교과서 본문을 다섯 번씩 써 오라는 명령을 받았지만, 사실 우리말도 아닌 고부랑 말을 한 번도 아니고, 다섯 번이나 쓰기가 그리 만만한 일은 아니었다. 담임선생님은 조회시간에 조장들을 일으켜 세운 다음 각 조원 모두가 다섯 번씩 써 왔냐는 확인을 하셨다. 우리 조에선 한 명이 못해

온 것을 알았지만, 그 애가 혼날 것을 생각해 하얀 거짓말을 하고야 말았다. 그 말을 믿어주시나 싶었는데, 운명은 늘 생각지 않던 순간에 의해 좌우되는 법이다. 조회를 마치고 나가시던 선생님에게 정신없이 숙제를 마저 하느라 턱없이 열중이던 그 아이가 눈에 띄고야 만 것이다. 싸늘한 목소리가 나를 일으켜 세우고는 이렇게 말씀하셨다.

"너! 선생님을 우롱하는 거 어디서 배운 거지? 응? 너 지금 선생님을 우롱하는 거야?"

사정없는 회초리 세례가 손바닥으로 날아왔다. 곱기만 하던 선생님의 얼굴은 벌레 먹은 복숭아의 붉은 자위처럼 벌게지셨고, 나의 살이 아니기 바랄 만큼 아픈 나머지, 떨어져 나갈 듯한 손바닥을 허벅지에 비벼대며, 비굴하게도 나는 머리를 조아려야만 했었다.

'우롱'이란 말을 그 전까지는 써 본 적도, 들어본 적도 없었기에 말라빠진 나뭇잎 냄새나는 그 단어가 정확히 어떤 뜻인지도 모르던 시절이었다. 열다섯 중학생이 '우롱'을 알 일이 얼마나 있었겠는가. 지금도 가끔 그 장면이 생각나고는 한다. 만약 그 시간으로 돌아간다면 저는 선생님을 우롱한 적도 없고, 당시에는 메아리처럼 자꾸 귓속에 울려 퍼지던 '우롱'이란 단어는 아이에게 너무 어려운 말이 아니었냐고 한번은 여쭙고도 싶다.

그 당시 선생님 연세보다 많이 살았는데도 '우롱'이라는 단어는 잘 쓰지 않는 말이다. 평생을 살면서 굳이 쓸 일도 없는 말이라고 여긴다면 나의 지나친 언어적 편견일까.

나이 든 여성의 아름다움

때는 바야흐로 시각 매체들의 전성기이다. 과거에도 여성의 아름다움은 시각을 끌어당기는 역할이나 소재로 줄곧 이용되었지만, 현재는 보다 빠른 속도로, 더욱 광범위하게, 밀접하게 실생활과 연관되어 있다.

그 사람의 인격이나 지성을 겪어보기도 전에 외모로 점수를 매기는 사회이다. 얼굴과 몸매가 좋을수록 후한 점수를 얻을 수 있는 사회임은 부정하고 싶지만 사실이다. 지금도 수많은 스타 지망생들은 공부보다 어려운 혹독한 다이어트를 견디며 외모 가꾸기에 인생을 걸고 있다. 좋은 인상, 아름다움의 기준에 혹시라도 뒤떨어질까 봐 성형외과의 문턱은 더 이상 높은 곳이 아니게 되었다.

외모가 재산이 되고 경쟁력이 되는 것은 소위 말하는 스타들의 몸값도 한 몫 한다. 그 어마어마한 가치는 보통사람이 한평생 직장생활을 하며 벌 수 있는 최대한도의 금액과 비교할 수도 없을 만큼 파격적이다. 최저 시급을 마다치 않고 취업의 좁은 문을 위해 고군분투하는 젊은이들이 있지만, 한편에서는 외모를 무기로 발탁되어 일확천금을 쥐고자 하는 스타 지망생이 흔한 양면성을 볼 수가 있다.

잊을 만하면 생활고를 비관한 가장의 동반자살이 뉴스에 오르내리는 현실에서 스타들의 몸값인 거액의 돈은 젊은이에게 상당한 유혹이 될 수도 있다. 그러다 보니 외모 가꾸는 것에 모든 걸 걸고 능력에 과분한 투자를 하는 경우도 보게 된다. 사회적 문제인 취업난과 물질 만능주의, 외모 지상주의가 맞물려 돌아가면서 예쁘지 않은 여성은 게으른 여성이라는 비하도 서슴지 않는다.

게다가 결혼한 여성을 지칭하는 '아줌마'라는 말에는 무수히 많은 의미가 담겨 있다. 상황에 따라 여성으로서 더 이상 젊고 아름답고 매력 있지 않다는 묘한 이미지도 담고 있는 게 사실이다. 인간의 생이 유한한 만큼 젊음을 유지하기 가능한 시간도 한정되어 있는 건 당연하다. 중년의 여성을 바라보는 시각은 여성으로서 가치를 인정하는 것엔 인색함과 동시에 아름다움을 잃어가는 것에 다소 냉소적이기까지 하다. 게다가 외모에 대한 스트레스는 일상생활에서 많은 비중을 차지하며 아름다움을 가꾸는 산업은 점점 더 다양해지고 있다.

급속도로 성장한 대중매체 산업은 자연스레 늙어가는 보통 여성들의 삶에 더 이상 후한 점수를 주지 않는다. 나이를 거스르며 마치 그것이 남은 인생의 목표이듯 생의 시계를 인위적으로 늦추는 데 열중이다. 주름 하나 없는 동안 스타의 얼굴이 썩 매력적인 것만은 아니지만, 사람들은 내가 갖지 못한 그 무엇에 시샘과 동경을 갖는다. 태어난 순간부터 늙어간다는 것은 너무 뻔한 사실이지만 피하고 싶은 두려운 숙제일 수도 있다.

지독히도 가물고 무덥기만 하던 금년 여름이 지나자마자 기다렸다는 듯 황금빛으로 익어가고 있음을 자랑하는 들판의 곡식들을 보라. 절정을 향하여 치닫는 완성의 과정이 과연 안타까워해야만 하는 노화일까? 아니면 결실의 기쁨일까? 인생을 사계절에 비유할 때에 중년에 접어든다는 건 가을이 다가옴을 말하듯 어떤 결과의 윤곽이 서서히 드러나는 시기이다. 이토록 찬란한 가을 햇살도 내일이 다가옴과 동시에 과거로 남는다. 나이가 든다는 것은 젊은이보다 더 많은 경험과 자산을 가졌다고 볼 수 있다. 젊은 사람에게 위축될 필요도 없을뿐더러, 그가 갖지 못한 지혜와 그가 찾지 못하는 해결의 실마리를 보는 능력과 배짱이 있으니까 자신의 삶에 공들이는 자세가 더 필요하다고 본다. 젊다는 것을 믿고 사느라 자신의 꿈을 잊은 채 밀려왔다면 다시 그 꿈을 만나보는 것이 좋을 것이다. 세상에 한 번 태어난 이상 정말로 해보고 싶었던 것을 한다는 것은 무척이나 의미 있는 일이다. 자신이 잘할 수 있는 것을 더 공부하며 누군가에게 또 다른 씨앗이 되어 준다거나, 자기의 가치를 기꺼이 나눠주는 일, 봉사나 취미활동에서 또 다른 삶의 활력소를 찾을 수 있다.

여자로서 나이가 든다고 해서 아름다움이 사라지는 것은 절대 아니다. 젊지 않은 얼굴에서 나타나는 진실한 표정과 깊이 있는 미소와 주름의 조화가, 탄력 있는 탱탱한 얼굴에 비해 뒤처진다고는 단정할 수 없다. 젊은 여성은 아직 늙어본 적이 없지만, 나이 들어가는 여성은 모두 젊고 한창이었던 경험을 해본 사람들이므로 한층 더 여유가 있다고 본다.

남보다 뒤처지기 싫어 끊임없이 비교하고 무작정 소유를 바라느라 더 큰 상실을 잊고 살던 때가 있었다. 불행하게도 그런 날들의 나는 젊었었고 더욱 부끄러운 것은 당시에 행복하다는 것조차 모르고 살았다. 무언가를 가지려고만 했던 것이 불찰이었다. 지금에 와서야 내가 불행하지 않다는 생각을 하며 심지어 행복하다는 생각을 자주 하며 감사하기도 한다. 남들은 웃을지 모르지만 가진 것도 많다는 생각을 하게 된 것은 그리 오래되지 않았다. 어느 날 내가 죽고 나면 나란 사람이 사용하던 물건이 너무 많다는 생각이 들었다. 나와 관계된 서명, 비밀번호, 소속, 나의 손때 묻은 세간, 내 몸에 닿던 옷이나 침구…. 꼭 필요한 것들도 있지만 그렇지 않고 공간을 차지하는 것도 꽤 많았다. 심지어 몇 년 동안 한 번도 손이 닿지 않았던 것들을 보는 순간 인생을 살아가면서 그다지 많이 가질 것도 없다는 생각이 들었다. 가지려고 애쓰지 않으니까 마음이 더 편해지며 새삼 모든 것의 쓰임새가 귀하게 보였다.

여성으로서 아름다움을 거부하고 포기하라는 얘기는 아니지만 지나치게 과민하게 굴 것까진 없다고 본다. 나이 들어감을 인정하는 자세는 분명 필요하다. 본인의 나이 듦을 인정하며 전 세대를 이해하며 위로도 할 줄 아는 사람이 더욱 행복한 삶을 살 수 있을 것이다. 늙는다는 것이 절대로 추하지 않은 자연스러운 현상임을 받아들이면서 한 번뿐인 인생을 신중하게 다스릴 줄 아는 사람이라면 단연 돋보이는 훌륭한 여성이라고 본다.

여백을 지닌 사람

어느 순간은 치열한 삶을 살아내고 그 방면에서 나름 우뚝 선 사람이 부러웠던 적이 있었다. 남들보다 많이 연습하며, 자기 자신에 엄하고, 끝없이 채찍하며 살아낸 삶을 존경하기도 했었다. 그런 삶도 훌륭하지만 요즘 내게 매력을 주는 사람은 그때와는 좀 다르다. 너무 꽉 차 보이는 사람에게는 다가서기가 망설여진다. 나같이 허술한 사람을 담아둘 공간이 없어 보임이 불안한 것일지도 모른다. 내가 그 사람 속으로 들어갔을 때 몹시 반겨주지는 않더라도 수더분한 미소라도 지을 줄 아는 사람에게 마음이 끌린다.

그녀를 처음 만난 곳은 커피를 배우러 나간 곳이었다. 나보다 열 살 위라는 것과 이름만 알 뿐이지 수업이 끝나면 총총 집으로 가기 바빴던 참에 처음부터 가까워지기 어려웠다. 어쩌다가 오일장 날 마주치기도 했지만, 손에 들고 있는 검정 봉지 때문에 종종거리며 눈인사로 지나치곤 했다. 그런 그녀를 백일홍 꽃밭에서 만났다. 평창강 너른 강가 백일홍 축제장에서 단아한 모습으로 무언가를 기다리고 있었다. 오카리나를 불기 위해서라고 했다. 쏟아지는 가을 햇살 아래 반짝이는 평창강의 물결과 너무도 잘 어울리는 그녀의 미소를 보았다. 알고 보니 부녀회장도 맡고 있어서 이번 축제 동안 여러 가지 바쁜 일이 많았다. 마을 일에 이리저리 동원되느라 시간 빼기가 수월치 않았고, 축제의 틈을 메워 주느라 연주도 하기에 눈코 뜰 새 없었다.

수업 시작하려면 못 나올 때도 있었고, 어쩌다 보면 허겁지겁 늦어지기도 했다. 강사가 출석을 확인할 때마다 백일홍 무리에 취한 나머지 금빛 햇살에 어지러워하며 꽃밭에 있을 것으로 추정하고는 했다. 그녀가 벤치에 앉아 두 다리 다소곳이 모으고 순서를 기다리는 상상을 하며 나는 가끔 즐거워지곤 했다.

어느 한 날 집 앞 단풍이 혼자 보기 아까우리만치 곱다는 이유로 그 빛이 다하기 전에 보러 오라는 문자를 받았다. 용항리의 강물은 고혹적인 비췻빛으로 그 너른 치마폭을 늘어뜨리고 있었다. 꽃보다 고운 단풍들의 안타까운 절정은 숨이 가쁘리만큼 애틋하였다. '진순이'라는 이름의 개는 짖을 생각이 없어 보였고 하우스 안의 토마토는 아직도 싱싱하였다. 찻잔 속에서는 그녀를 닮은 국화 향이 머지않은 이별을 감지하며 가을을 어루만지고 있었다.

다음 날 문자에는 내가 다녀간 이후로 진순이가 새끼를 여섯 마리나 낳았다고 했다. 너무 대견했다. 순둥이처럼 마당 귀퉁이에 서 있던 녀석이 혼자서 힘들게 출산했다니 기특하게 여겨졌다. 홀연히 사라지는 가을 정취 감상하기에 여념이 없던 그녀는 진순이 산바라지 하느라 바쁘다며 신바람 나는 목소리였다. 수업시간에 틈틈이 소곤거리는 내용도 온통 진순이 타령이었다. 커피의 특성을 설명하는 강사님을 피해서 "우리 집 개가 새끼를 낳았는데, 여섯 마리나 낳았지 뭐유. 두 마리가 수놈이고 네 마리가 암놈인데, 털의 색깔로 보아 도무지 애비를 짐작할 수가 없다."며 웃기에 바빴다. 만날 때마다 새끼들이 이쁘다며 자랑하는 덕분에 지루할 수도 있을 공부가 즐겁게 이어지는 느낌이었다.

며칠 후 강아지들 눈을 떴다기에 또 한 번 다녀왔다. 하우스 한 귀퉁이로 진순이의 집이 옮겨져 있었다. 갑자기 추워진 날씨로 주렁주렁 열렸던 토마토는 거무튀튀하게 얼어 있었고 모든 푸성귀는 패잔병처럼 쇠락해 있었다. 그 쇠잔한 기운을 진순이가 대견하게도 메워내고 있었다. 어미젖을 찾아 오물거리며 암

팡지게 빨아대는 생명들이 신통하기만 했다. 진순이가 만들어준 풍경 때문에 초겨울의 을씨년스러움이 새봄처럼 느껴지는 날이었다.

그녀는 느긋하다. 분명한 건 그것이 장점이라는 것이다. 요즘 같은 세상 너 나 할 것 없이 많은 이들이 앞만 보며 가기 바쁘지만, 자꾸 옆으로 비어져 나가 다른 것을 보고자 하는 그녀는 누구보다 아름답다.

볼 때마다 드는 생각은 그가 지닌 여백 때문에 사실은 더 빛나 보인다는 것이다.

영월 땅 그 소나무

오월 하늘은 자못 진지하다. 소나기재 양옆으로 사열하는 햇살이 가지런하다. 바람 한 점의 말썽도 없는 참으로 순한 날이다. 같이 하는 사람들도 오월처럼 해사하다. 세월의 편리를 쫓는 동력선 얻어 타고, 열일곱 살의 노산군을 찾아간다. 동, 남, 북 삼면을 휘감은 서강은 굽이쳐 흐르고, 서쪽으로는 깎아지른 듯 매몰찬 절벽이 예사롭지 아니하다. 지금 보아도 고된 지형 도깨비라도 꺼렸을 터. 외딴 벌판 버려진 기운, 돌멩이마저 서먹하다. 날개 잃은 어린 조카 음기의 땅으로 보내야 했던, 혈육 따윈 안 보이던 야욕만이 비정하다. 복원된 그의 처소 마루 위에는 유배 생활 사무치던 망향의 한, 어제시(御製詩)로 남아 있다.

천추의 원한을 가슴 깊이 품은 채
적막한 영월 땅 황량한 산속에서
만고의 외로운 혼이 홀로 헤매는데
푸른 솔은 옛 동산에 우거졌구나
고개 위의 소나무는 삼계에 늙었고
냇물은 돌에 부딪쳐서 소란도 하다
산이 깊어 맹수도 득실거리니
저물기 전에 사립문을 닫노라

560년을 거슬러 올라가 본다. 지금도 심산유곡, 고립무원이다. 바람만 황량하던 청령포로, 유배 오던 그 심정 차마 나는 헤아릴 길이 없다. 그저 목이 메어 올 뿐이다. 한양 땅에서 예가 어디라고, 다시 돌아갈 수 있으리란 희망 품어 보긴 하였을까. 피바람 몰아치던 음모의 소용돌이. 충신들의 고운 절개 험한 최후 앞당겼고, 초야로 사라진 그들을 생각해도, 왕위니 정권이니 권력 따위 필요 없다.

왕의 아들로 태어나길 바란 적이 있었던가.

다만 돌아가고 싶은 까닭 그 사람 때문이다. 기다리는 딱 한 사람. 두고 온 님 보고파서 돌 하나씩 얹다 보니, 절벽 옆 망향탑 오도카니 애잔하다. 가던 구름 걸터앉은 착각도 아주 잠시, 기암 아래 옥색 물결 활처럼 휘었구나. 애가 타 끊어지는 님의 속은 모르면서, 천 길 낭떠러진 죽은 듯 고요하다. 시름을 잠재 우려 '노산대' 올라 봐도 천지 사방 꽉 막혀 드나들 곳 안 보인다. 뒤꿈치 높이 들어 북쪽 궁궐 향하지만, 서러운 눈빛만이 저 하늘 꿰뚫을 뿐….

금강소나무 우거진 송림 사이 걷다 보니, 마음은 고적해지며 소름이 돋아난다. 가끔씩 찾아오는 이런 기분이지만, 때마다 생소하니 그것도 별일이다. 내 몫보다 수천 곱 절절했을 고독감을 갈라진 나뭇가지 걸터앉아 그 마음 달래셨다. 자애롭던 할아버지, 아버지도 가고 없는 사고무친 천애 고아. 비린내 풍기는 가족사에 몸서리만 쳐진다. 믿고 싶던 숙부에게 쫓겨나던 울분에, 짝을 홀로 두고 왔던 괴로움. 지독한 울음 삼키며 떨던 어깨는 얼마나 수시로 흔들려야 했을까. 그 비참하고도 원통한 모습을 아무 말 없이 바라본 觀, 그의 애타는 울음을 모두 들은 音. 600년 세월 묵묵히 껴안은 관음송 자태는 이리도 의젓하건만, 영원할 듯 시퍼렇던 숙부의 욕망은 지금 어디에 남아 있는 것일까.

원통한 새 한 마리 궁에서 홀로 나와
외로운 몸, 짝 잃고 푸른 산 헤매니
밤이 와도 잠들 수가 없고
해가 바뀌어도 한은 끝이 없어라.
새벽 산 울음 끊겨 달빛 잃어 가면

골짜기에 떨어진 꽃잎은 핏빛으로 붉겠지
하늘은 귀먹어 하소연 듣지 못하건만
서러운 이 몸 귀는 어찌 이리 밝아지는가.

홍수로 인해 청령포가 물에 잠겨 '관풍헌'에 머물 당시, 소쩍새의 피 터지는 울음소리에 자신의 처지를 빗댄 「자규시」이다. 단종의 마지막 시는 이처럼 숙연하고도 애가 타건만, 죽음마저 숙부에게 종용당한 짧은 삶은 그렇게 스러졌다.

'비운의 왕'이란 네 음절은 그 얼마나 틀림없으면서도 또 잔인한 말인가.

청령포 단종 어소 담장밖에는 뿌리만 담 밖에 있는 소나무가 있다. 나무의 몸체는 어소를 향해 읍소하듯 납작하게 예를 갖추고 있는 충신의 모습이다. 이 나무를 가리켜 '엄흥도 소나무'라 부른다.

영월의 호장 엄흥도. 단종의 시신을 구조하는 자 삼족을 멸하리라는 통보가 있었지만, 엄동설한 청령포에서 시신을 거두어 선산에 매장, 몰래 장사 지낸 후 그 땅을 떠났다. 날 저무는 청령포. 뭇사람들 모두 총총히 돌아갈 때 '엄흥도 소나무'만이 믿음직한 눈길로 어소를 살피고 있다.

유배를 떠나던 남편의 그 모습이 마지막이 될 줄이야. 그리움도, 외로움도, 원통함도 한이 되던 질곡의 삶. 82세 되어서야 눈감아졌다. 쉬지 않고 강물이 흐르는 동안, 수백 년의 역사도 같이 흘렀다. 새천년 오기 얼마 전에야 정순왕후(定順王后) 사릉에서 소나무 한 그루 장릉으로 옮겨왔다. 안타까운 넋이나마 '정령송(精靈松)'으로, 한 세월 뛰어넘어 영월 땅 오시던 날. 관음송과 엄흥도 소나무의 속마음 어떠했을까. 짧은 사랑, 길었던 이별이 미치도록 애달프다. 열일곱에 얼어붙은 서럽도록 푸른 가슴. 정령송 기운으로 맺힌 한 풀었으면. 살아서 못 이룬 애절한 사랑, 충절의 고장에서 천만년 누리시길.

원동재 굽이굽이 넘어오며 드는 생각. 영월 땅 그 소나무 다행인가 위안인가. 절개야 알았지만, 이토록 미더울 줄이야….

3. 홀로 하는 시간 여행

마음 읽어 보기

부모와 자식 사이 부부간 동료를 비롯한 나 아닌 타인과의 관계에서 평소 숨을 한 번 더 고르고 생각해 볼 일이다. 상대방의 마음을 완벽하진 못하지만 웬만큼은 읽을 수 있다. 사실 우리 일상 속 언어생활이란 것이 생각만큼, 영화 속 명대사처럼 세련되고 일목요연하게 정리되지 못하다는 건 대부분이 공감하는 현실이다.

상대방을 배려하는 마음이 일상화되면 말투 또한 듣기에도 좋고 말하는 사람도 즐거울 텐데, 흥분하거나 감정이 조금만 궤도를 벗어나면 저절로 말투에 비아냥거림 내지는 가시가 돋곤 한다. 패기가 하늘 높은 줄 모르고 꼿꼿하기만 하던 젊은 날처럼 서슬 퍼렇지는 못해도, 가끔은 감추지 못하는 급한 성격 탓인지 욱하는 심정 때문인지 이미 내 입에선 남을 겨냥한 빠른 말이 튀어나가 미처 주워 담을 수 없는 난처함을 경험하곤 한다.

자기감정을 감추지 못하고 좋으면 좋은 대로 화가 나면 화가 나는 대로 거울처럼 여과 없이 반영한다는 건 때로는 치명적인 약점이 되기도 한다. 지나치도록 솔직한 감정의 표현도 누군가를 고려하지 않는다면 때론 무서운 무기가 되기도 한다. 이런 나를 관찰하듯 멀찌감치 서 바라보면 참 재미있는 것도 같지만, 대부분은 참 어리석을 때가 많았다. 내가 중요한 만큼 상대도 본인에겐 더없이 그러한 사람인데. 지나치게 나를 중심으로 사고하고 내가 배려받아야 한다고 착각 아닌 착각을 참 많이 했었다.

혹시 살아가면서 사람의 뒷모습이 왠지 낯설게 보인 적이 있었던가. 그렇다면 그 순간은 내가 내 감정에 충실한 나머지 그의 속마음까지는 읽어 볼 여유가 없었거나 애초에 그럴 생각도 못 했을 때이다. 그도 미처 내 맘을 읽으려 하지 못했던 순간일 것이다. 사람의 뒷모습에도 앞모습 못지않은 많은 표정과 느낌이 있다. 그래서인지 어떤 때에는 멀어져 가는 누군가의 뒷모습에 오래도록 시선을 내주어야만 할 때도 있다.

잠시의 침묵도 어색해하는 말의 화수분이 오히려 무언의 원만한 소통을 방해할 때가 있다. 가끔은 정독하듯 그 마음을 읽어 보는 것만으로 그를 더 바르게 볼 수 있고 이해를 더 가까이 할 수 있다. 보이지 않는 것을 읽어 내는 힘과 지혜는 모래성처럼 순식간에 완성되는 건 분명 아닐 것이다.

가끔은 정말 원하지 않는데도 어머닌 이것저것 달가울 것 없는 보따리를 기어이 싸주신다. 못 이겨 갖고는 오면서도 투박하고 거추장스러운 보퉁이를 마뜩잖게 받아온 적도 참 많았다. 부모가 아무리 하찮은 것을 싸주셔도 아끼고 아꼈다 주신 그 마음을 읽어 보면 세상 그 어디에도 없는 귀하기만 한 찬거리이다. 돈을 주고는 살 수가 없는 사랑의 보따리이다. 가족이 간혹 감정을 건드릴 때 먼저 노여움부터 찾지 말고 그가 처한 상황에서 그의 마음을 읽어 봐야겠다. 누군가가 어렵게 말을 붙여올 때 속으로 몇 번이나 망설이고 주저했을지도 모르는 그 갈피를 한 번쯤은 읽어보아야 할 것이다. 누군가 서운하게 했더라면 그래도 그 상황을 천천히 곱씹어가며 읽어볼 일이다. 혹시라도 내가 끼친 서운함이 부메랑 되어 돌아 온 건 아니었는지.

거르지 않고 행하는 말과 행동보다는 차분하게 한 번쯤 상대방의 마음을 헤아려 보는 게 여러모로 내 정신과 타인에게도 도움이 될 듯싶다. 그러고 보니 내겐 고쳐야 할 숙제가 산더미 같이 참 많이도 남았고 어찌 된 영문인지 해도 해도 줄어들지 않는다.

길동무

남에게 싫은 소리는커녕 큰 소리 한 번 내는 법 없는 ○○아저씨. 그런 사람은 더 즐겁고 화목하게 살아야 맞는 것 같은데 웬일인지 아저씨는 참 외롭게 사신다. 푸르기만 하던 젊은 시절, 직장에 근무하면서 첫눈에 반했던 아내와는 1남 1녀를 낳았다. 가정이라는 탄탄한 울타리를 둘러치고 세상 그 어떤 것에게도 내어 주기 싫던 꿈같던 그 보금자리. 참꽃만큼이나 곱던 아내는 뭐가 그리 급했던지 터무니없이 일찍 하늘나라로 떠났다. 든든하리라 믿었던 아들도 채 꽃망울을 터뜨리기도 전에 생을 달리했으니 세월의 상처는 아물 줄을 모른 채 늘 생살을 도려내듯 아프기만 했다. 그 아픔 무뎌질 즈음에는 속절없는 괴로움만 한 켜 한 켜 뼛속까지 퇴적되어 지층을 이루고야 말았다.

마지막 남은 핏줄인 딸마저 가족력을 이기지 못하고 몇 년째 암으로 투병 중이니 그분 속이 어찌 멀쩡할 수 있을 것인가? 이 세상에 나올 때는 차례대로 나올지라도 갈 때는 순서 없다는 말이 어느 누군가에겐 평범한 말일지도 모르지만, 아저씨에겐 어찌해 볼 도리도 없고 분통만 터지는 억울한 고문 같은 말이다.

그나마 지금은 아픈데 없이 건강하게 살고 계시지만 가끔 걱정이 안 되는 건 아니다. 술도 못하시고 담배도 안 하시며 슬픔이건 노여움이건 아쉬움이건 늘 그렇게 속으로 삭이는 아저씨. 도대체 그 마음속엔 부처라도 들어와 앉은 걸까? 혼자 있는 시간이 무료하면 책을 읽으시고, 영어사전을 옆에 놓고 영문을 쓰시기도 하고 한자를 쓰시기도 하는데 필적이 얼마나 좋으신지 볼 때마다 나는 매번 감탄하게 된다. 그럴 때면 복숭아처럼 수줍어하시며 소년 같은 입꼬리가 슬며시 올라가곤 한다.

그분께서 어느 날 급하게 집에 좀 갔다 오신다더니 숨을 헐떡이며 오시는데 내게 문화 상품권 1장을 내미셨다. 책 좋아하니까 이걸로 사서 보라고. 알고 보니 산림조합에서 묘목을 나눠주는 행사를 하면서 동시에 안 쓰는 휴대전화를 가져오는 사람에게 문화 상품권을 교환해 주고 있었다. 그걸 보시고는 그렇게 서두르셨으니 그 어느 선물보다 값지고 감동적인 선물이었다. 그 뒤로도 읽을 만한 책이나 도서 상품권이 있으면 굳이 챙겨다 주시곤 하셔서 얼마나 감사했는지 모른다. 혼자 계시는 시간이 많으신지라 가끔 말벗이 되어 이야기 들어 드리고, 여름엔 우리 식구 계곡 갈 때 모시고 가니 일곱 살 개구쟁이처럼 즐거워하신다. 마음대로 되지 않는 낚시질마저 재미나는지 어느새 시름일랑 물보라 속에 던져 버리고 이제는 제법 가족 같은 이웃이다. 이상한 것이 시끌벅적한 날이나 이름 찬란한 기념일이 아니어도 무시로 궁금해진다는 것이다. 한 며칠 조용하면 전화를 해봐야지만 안심이 된다. 길거리에서 그분의 오래된 자전거를 만나면 왜 그리 반갑고 기분이 좋은 건지. 거리가 수선스럽도록 밀린 얘기들을 쏟아 놓으시고는 인사를 몇 번이나 반복한 후에야 자전거에 오르신다. 그분의 그런 모습을 보면 그냥 기분이 좋아진다. 아저씨는 새벽에 운동을 나가시고 난 해가 중천에 뜨는 아침에야 나가니 마주칠 확률은 거의 없지만, 가끔 일요일이나 새벽에 비라도 내린 날이면 오후에 나갈 때가 있다. 그렇게 하루쯤은 쉬고 싶은 꾀가 나는 날 전화를 하면 운 좋게 아저씨랑 이런 저런 얘기를 나누면서 둘레 길을 걸을 수가 있다. 하늘로부터 하사받은 선물 같은 공기를 휘휘 낭비하듯 휘저어 가며 걷는다. 맘껏 누리고 마셔도 좋은 공기 내음이 늘 이유 없이 엉망인 속맘 깊숙이까지 스민다. 삶이라는 수레의 바퀴 흔적까지도, 나이도, 세대도 모두 잊은 채 순수한 동무가 되는 순간이다.

어느 날 불쑥 전화해서 집 앞으로 나오래서 서둘러 나가 기다렸다. 시린 겨울날 자전거를 탄 채 마스크로 얼굴을 덮어 눈만 빼꼼 드러난 모습이다. 타작마당 파한 곳을 지나다 주웠다며 운동복 주머니에서 까만 콩 한 움큼 꺼내주시며 밥 몇 번 해 먹으라신다. 햇살이 미치도록 좋은 어떤 날에는 미나리를 수북이 베어다 주시는 바람에 며칠 동안 반찬 걱정도 덜어 주신다. 겉으로 드러나는 모습만이 아닌 마음으로 대하니 이웃이 가족만큼 애틋해지고 친구처럼 정겨워지며 다시 만날 때마다 반가웠다. 아무 일 없이 무사 평안한 그의 하루가 볼 적마다 고마웠다.

개인적인 삶의 질곡은 깊었지만 이기고 사신 그분을 보면 조용히 엄지손가락 추켜 드리고 싶다. 무엇보다 본받고 싶은 것은 나이 핑계를 대지 않으신다는 것이다. 어리고 젊은 사람들에게 그냥 어른 대접만 받으려 하지 않는다. 권위적인 사람의 표정은 간혹 답답해 보이지만 권위를 내려놓은 사람은 자유롭고 허물이 없어서 더욱 폭넓은 교류를 할 수 있는 것 같다. 싫은 소리 남에게 입바른 소리도 못하시고 순하신 그분이 남은 삶이라도 좀 수월하시면 좋겠다. 여전히 건강하시고 해맑으셔서 내 삶의 친한 동무가 되어 주셨으면 한다. 잊을 만하면 전화하셔서 자장면 같이 먹으러 가자고 하셨으면 한다. 혼자 먹으면 뭔 맛이 있냐고.

가무는 날의 독백

근래 들어 보기 드문 가뭄의 연속이다. 하루하루 달아오르는 더위에 마음속으론 몇 번이고 기우제를 지냈지만, 이렇다 할 비의 예고는 무정하게도 감감무소식이다. 천재지변 앞에서 무력한 사람으로서 어쩔 방편이 없다. 단지 하늘만의 일이기에 무턱대고 속내만 탈 뿐 안타까운 한숨은 잦아들 줄 모른다. 조금이라도 후텁지근한 밤이면 은밀하게 가져도 봤던 '혹시라도 비님이 오시려 하나' 하는 뜬구름 같은 기대는 아침을 맞음과 동시에 여지없이 빗나간다.

강 건너 상리에 사는 망치가 그곳에 터 잡은 지는 몇 달 되지 않았는데, 수더분하며 나름 남자답게 생긴 인상에 나도 모르게 그만 맘을 줘 버리고 말았다. 외모도 외모지만 나도 속물인지라 그놈이 기거하는 자리가, 산 좋고 공기 좋은 장암산 아래 널찍이 자리 잡은 대저택인 것도 어느 정도는 작용했다고 인정도 한다. 망치도 분명 나를 좋아하는 것 같다. 척 보면 알 수 있는 그런 낌새를 그의 주인은 친절하게 설명까지 해준다.

"얘가 자기 좋아하는 사람은 귀신같이 안다니까. 아침에 나이방 쓰고 산책 오는 사람 있는데 그 사람만 보면 아주 잡아먹을 듯이 짖는 거 보면."

순박한 생김새에 두 발로 일어서서 반기는 망치의 눈동자는 우직해 보였다. 그 이유 하나로 장터 족발전에서 뼈다귀를 얻어 볼까 족발을 사고 생선구이 찌꺼기를 싸 오던 맘을 눈치라도 챈 걸까?

그런데 요즘엔 그놈의 격정적인 반김마저 두려운 것이 제 몸뚱어리는 매여 있지, 반가운 마음에 달려들고 매달려야지, 먹을 거라도 있는 날엔 손을 향해 뛰어올라야지 놈이 네 발로 설쳐대는 통에 그 너른 마당도 순식간에 뿌연 먼지로 자욱하다. 그 흙먼지가 안타까워지는 요즘에는 시커먼 먹구름도 귓전을 때리던 천둥소리도 그립기만 하다. 몇 날 며칠을 비에 갇혀 꼼짝 못하는 한이 있어도 온몸이 빗물에 푹 젖어서 발이 퉁퉁 불어터져도 좋으니 제발 단비가 쏟아지길 바라는 마음이다. 쭉쭉 뻗어 나가야 할 옥수수 잎이 비쩍비쩍 야위고 물 대느라 지쳐버리는 농부의 마음은 그 어느 때보다도 팍팍하기만 하다. 지나다가 절망의 기색이 역력한 농부를 보는 마음은 지은 죄 없어도 괜히 미안할 지경이다.

아침이면 물안개 앞세워 멋들어지게 뜸 들이다가 우아한 척 물 위를 날던 왜가리의 자태도 지금은 옛말이다. 말라붙을 대로 졸아서 밑천까지 적나라하게 드러내는 강바닥 앞에선 고고한 맵시마저 왠지 청승스럽기만 하다. 내 맘이 그래서일까? 길섶 재잘거리는 망초꽃 무리의 앙증맞음도 콕 찍어 붉은 입술로 대놓고 유혹하는 산딸기의 농염함도, 미친 듯 시도 때도 없이 제 기분에 겨워서 펄럭거리는 풀 파도의 응석도 이젠 영 반갑지만은 않다. 인정도 그렇고 보고 듣는 모든 이치가 가는 게 있으면 오는 게 있는 것이 당연하건만 그것들은 일방적으로 자기들의 전성기만 자랑하기 바빠 보이는 것이 괜스레 얄밉기까지 하니, 늘 그렇듯이 뭐든 없어져 봐야 고마움을 안다는 법칙이라도 있는 걸까.

한 번도 제 자랑하는 법이 없던 물의 대견함이 더욱 그리워진다. 물에서도 인간 수양을 배울 수 있다고 했다. 물처럼만 살면 존귀한 삶이라 했다. 물 같이만 살 수 있다면 아쉬움 없는 아름다운 인생이리라.

높은 쪽에서 먼저 낮은 곳으로 향하는 겸손, 한 길만 고집하지 않고 때로는 돌아서도 흐를 줄 아는 지혜, 구정물일지라도 주저 없이 수용하는 포용력, 질그릇이건 금은 그릇이건 어디에나 어울리는 융통성, 한 방울의 낙숫물로 기어이 바위를 뚫고 마는 부드러운 듯 강한 인내, 높은 곳에서 비장하게 떨어질 수 있는 용기, 각각의 방울이 모여 종내에는 큰 바다로 같이 나가는 대의. 노자가 말한 수유칠덕(水有七德)의 의미가 고금을 막론하고 2015년 오늘에도 와 닿는 걸 보니 새삼 말 없던 물이 그리워진다. 온 세상 모든 만물에게 보약이 되고 자칫 메마를 뻔했던 인간성도 예전처럼 촉촉해지는 해갈이 꼭 이뤄지리라고 기대해 본다.

정이라는 건

정(情)이란 거 참 묘하다. 무늬와 색깔도 없으면서 보이지도 않는 어떤 끈을 서로 한쪽씩 나눠 잡는 것일까. 사람이 아닌 동물과도 비록 일생에서의 잠깐이지만 그 끈을 같이 나눠 잡을 수 있는 건가. 쓰레기 분리수거장에서 처음 만난 얼룩무늬 고양이는 안타깝게도 꼬리 중간에 움푹 파인 것도 같고 무언가에 쥐어뜯긴 것도 같은 상처가 있었다.

경비 아저씨 말씀에 따르면 사람을 경계하지 않는 모양을 봐서 집에서 키우던 걸 내버린 것 같다 하셨다. 일하시는 아저씨 곁에서 엄청 야옹대며 칭얼대는 눈치였다. 먹을 게 마땅찮아 음식물 쓰레기통에서 밥찌꺼기를 좀 주니 배가 고팠는지 곧잘 먹더라고 하셨다. 아직 새끼 티를 못 벗었기에 손가락 모양의 소시지를 사다가 하루에 두 번씩 잘라서 먹였다. 나도 그렇지만 사람들은 새끼에 무방비로 약하다. 고마운 것이 누군가는 강아지 집을 내어 주었고, 누군가는 사료를 사서 놔주고, 몇 집이서 십시일반 거두니까 며칠 새 얼룩무늬 털에는 반지르르 윤기가 돌고 포동포동 살이 올랐다. 우리는 '캣'이라는 이름을 지어 주었고 저도 제 이름을 아는지 부르면 알아듣는 시늉을 했다. 바짓가랑이 사이를 아우르는 아양을 떨면서 제 등을 비벼대곤 했었다.

오가며 캣의 집을 일삼아 기웃대는 것이 버릇처럼 익숙해질 무렵이었다. 보름은 더 지난 것 같았다. 햇볕 따갑고 하늘에선 푸른 물이 떨어질 듯한 어떤 오후, 놀이터에선 낯선 여자아이들이 왁자지껄 그네를 뛰었다. "야옹야옹" 조잘거리며 뛰놀던 것을 마지막으로 고양이를 볼 수가 없었다. 아무도 예상하지 않은 일이었기에 그 허전함이란 뜻하지 않게 엄청났다. 대체 어디로 간 걸까? 누가 죽이진 않았을까? 소시지는 잔뜩 사다 놓았는데….

정이란 건 그런 건가 보다. 보일 때는 몰라도 안 보이면 자꾸 걱정되는 거. 소식이라도 알고 싶고 한 번이라도 더 보고 싶은 그런 건가 보다. 그 후로 경비 아저씨를 만나면 서로 고양이를 걱정하다가 어느 날부터 큰맘 먹고 골목을 뒤졌다. 강 둘레 한 바퀴 도는 아침 산책을 고양이 찾기로 대체 했다. 소녀들은 귀여운 맘에 데리고 갔고, 끝내 엄마를 못 이겨 밖에 슬며시 내

놓았을 듯한 예감만을 믿고 무작정 읍내 골목을 두리번거렸다. '캣'이 아닌 다른 고양이들은 남의 속도 모르고 내 눈앞에 잘만 띄었다.

그날도 초등학교를 지나 교회 사거리까지 지나도 허탕이었다. 상실감만 떠안고 큰길 대신에 아파트 공사장 쪽으로 터덜터덜 오다가, 을씨년스럽게 쌓여있던 거푸집 판자 틈에서 잔뜩 웅크린 그놈과 눈이 마주쳤다. 기적 같았다. 초췌한 몰골에 몹시 꾀죄죄해졌지만 상처 있던 꼬리를 보니 틀림없는 캣이었다. 품고 와 있던 자리에 놓아두니 밥 주던 모든 이들이 반가워했다. 어디서 찾았냐는 숨기지 못하는 궁금증에도 아랑곳하지 않고 그들의 입꼬리는 하늘 쪽을 향하고 있었다.

저 아래 공사장에서 찾았다고 매일처럼 큰길로 왔으면 아마 오늘도 못 봤을 거라고 무용담처럼 얘길 풀어헤쳤다. 너무 반가운 마음에선지 이 사람 저 사람이 먹을 걸 한꺼번에 주니 처음엔 토하기도 하고, 여독 탓인지 고단해 보이더니 이젠 적응이 되었나 보다. 어찌나 까불까불 잘 노는지 요즘엔 나를 따라와 집 현관까지 왔다 가기도 한다. 정든 이웃처럼 내 집의 안부를 살피러 온 그놈의 방문이 싫지가 않다. 어쩌다 지나가며 밥그릇을 훔쳐보면 노가리도 잘라져 있고 생선뼈도 올라가 있다. 이웃 주민들의 사랑을 넘치게 받는가 보다.

봄날의 거래

한적하게 사는 것을 동경했던 적도 있었는데 그 어떤 인연의 점지가 있었던지 청정지역 이곳에 새로이 발을 딛게 되었다. 조용히 살다가 보니 칠흑 같은 밤은 터무니없이 서두르며 보채듯이 찾아 왔다. 드문드문 성긴 불빛 탓일까. 암만 헤아려 봐도 밤새 나와 얘기 나눠줄 사람은 단 한 명도 보이질 않았다. 겨우 내 앞에는 강물 뒤로는 산의 적막함을 감출 수가 없었다. 집 앞 남산과 평창강을 훑어대는 바람 소리가 을씨년스럽고 황량하다는 생각이 들 때면 라디오에서 효과음으로나 듣던 그런 바람 소리 같았다.

가끔은 요란한 소음의 야단법석과 흥분의 적나라한 고성이 마구 그리울 때가 있었다. 사람으로 인해 상처받은 적도 있고,

사람으로 인해 옹이 박힌 내 모습이지만, 홍역 같은 첫사랑을 치를 때 마냥 맹목적으로 사람이 보고 싶었다. 나는 바람 말고 사람이 그리워졌다. 특정한 대상이 아닌 누구라도 날 찾아 이곳까지 와 준다면 설령 그가 원수였어도 용서할 것 같았다. 얼마나 얄팍한 게 사람 마음인지 사람이 겁나면서도 사람 없이 못 사는 게, 바로 사람 사는 세상인가 보다.

그렇게 겨울을 또 한 차례 견디었다. 불쑥불쑥 일어나는 갑갑증을 애써 누르며 사는 것은 매우 위험한 일이다. 누군가가 잘못 건드리면 봉숭아 씨앗이 톡 터져 도망가듯이 나도 그랬다. 어디로든 겁 없이 튀어 숨어 버리고 싶었다. 그래야만 살 것 같았다. 수행하듯 달래가며 하루하루 퍼석퍼석 메말라가는 나를 감싸 안아야만 했다.

어릴 때 읽은 「해와 바람」이라는 동화를 보면 나그네의 옷을 벗기는 것은 바람이 아니다. 교만한 바람이 강도를 더해가며 훼방을 놓고, 갖은 심술을 부려댈수록 나그네는 목을 움츠리고 외투만 꽁꽁 더 여밀 뿐이다. 생각지도 않게 그의 옷을 벗기는 것은 부드럽고 곰살궂던 햇볕이었다. 그러고 보면 확실히 '봄'이 제 이름값을 하긴 하는가 보다. 바람을 이겨낸 봄볕은 예고 없이 찾아온 귀한 손님처럼 나를 들뜨게 만들었다. 보드란 솜털이 앙증맞던 버들강아지가 어느새 제 이파리 자랑에 물이 오르듯,

말랐던 내 혈관에도 언제부턴지 수액 같은 생기가 돌고 있었다. 반가운 손님 같은 봄을 그냥 보내는 게 서운하단 핑계로 기념하듯 봄나물을 캐러 나갔다. 이미 늦어 먹을 수는 없을망정 성급한 꽃대를 내미는 냉이가 제법 기특하다. 눈여겨 보아주며 감탄하는 시선 없어도 때가 되면 알아서 만개하는, 제 딴엔 명색이 절정의 순간인데 오늘 내게만 보여준 셈이다. 산책하며 보아둔 달래가 '이제라도 오긴 왔네.' 하며 나를 반겼다. 오래된 그 집 앞 고물 의자엔 할아버지 한 분이 풍경처럼 앉아 햇볕에 자울고 계셨다. 얼마 전 단비가 내린 탓인지 앙증맞은 씨알이 통통한 데다 쏘옥 쏘옥 긴 뿌리까지 단번에 잘도 뽑힌다. 이웃 영감님 마실 오시는지 등 뒤에서 들리는 소리.

"젊었을 때는 박달재를 넘어 봤지 그럼. 두 번을 넘었는걸. 걸어서."

"노릿재가 참 좋아."

"노릿재는 어딘데?"

"아, 누릿대는 저기 큰 산에나 가야지 있지."

"귀가 그렇게 먹었어? 남 고개 얘기하는데 무슨 누릿대야. 그르케 안 들려?"

"누릿대가 그게 좋아. 그게 소화제라니까 소화제."

그렇게도 귀가 먹었냐고 타박하시던 친구분마저 소화제란 그 말에 크게 맞장구를 치신다. 달래 캐는 재미에다 어르신들의 만담 같은 옛이야기를 공짜로 듣는 덤까지 누리니 모처럼 횡재를 누린 셈이다. 나는 얼마나 더 여물어야 나무라지도 않고 노여워도 않는 저런 대화를 할 수 있을까. 여유가 부러워진다.

시장기가 도는 탓에 집으로 향하는데 할아버지가 나를 부르셨다. 남의 밭에서 가꾸는 달래를 캤으니 밭을 빙 둘러 상추를 심고 가라며 작년에 갈무리해 놓은 씨앗 봉지를 내미신다. 생각지도 못한 상황에 왜 진즉 말씀하시지 그러셨냐고 물으니, 어차피 혼자 살아서 죄 먹지도 못하고 집으로는 반찬 배달이 온다 하시며 오늘 상추씨 뿌리고 크면 많이 뽑아다 먹으라신다. 천연덕스럽게 남의 것을 취한 무례를 나무라지 않으시고, 내 무안을 배려하시는 할아버지의 거래는 내가 들은 그 어떤 제안보다 달콤했다. 웬만해선 뿌리치기 힘든 솔깃한 유혹이었다. 성의껏 뿌리고는 왔지만 서툰 내가 너무 많이씩 뿌린 건 아닐까 걱정이 된다.

*누릿대: 우리나라 높은 산에 자생하는 식물로 다소 역한 향을 가진 식물. 식욕을 돋우며 천연소화제로도 불린다.

홀로 하는 시간 여행

지금은 아무도 없지만 곁에 없다고 사라진 건 아니다. 온 가족 둘러앉던 밥상의 풍경이 불시에 생각나는 날이 더러는 있다. 아버지 먼저 수저 드시길 기다렸다가 첫 수저를 떴을 때의 충만했던 감사함, 서로의 먹는 모습만 보아도 곱씹어지던 포만감이 때때로 그리운가 보다. 특별히 맛난 반찬이 있는 것도 아니었는데, 입안엔 어느새 군침이 자리한다.

사랑하는 가족과 끼니를 나눈다는 건 드러나지 않는 축복이었다. 여름에는 오이냉국에 국수를 훌훌 말아 먹어도 맛있었고, 모락모락 김 오르는 된장 뚝배기 앞에서도 일곱 식구 저마다 즐거운 밥상이었다. 어쩌다 특별한 걸 먹을 때도 좋았고, 빙 둘러 만두를 빚을 때도 여럿이어서 재미있었다. 함께하는 동안 누구의 몫이든 이야기 타래가 술술 풀려 나오기 마련이어서 밥상 앞에서만은 비밀이 없었다. 이웃 어른과의 예절, 협동, 양보 따위를 맨 처음 배울 수 있었던 곳이었기에 나는 지금도 '밥상머리 교육'이란 말은 분명히 있다고 본다.

요즘에는 한집에 사는 식구 수가 얼마 안 되면서도 모두 둘러앉아 식사하는 경우가 드물다. 단출해진 살림에 손이 덜 가는 게 분명한데도 소통 없는 상차리기는 점점 흥미를 잃어간다. 그때만큼 밥맛이 좋은 것도 아닌데 갖가지 성인병의 위험에선 헤어나기 힘드니 억울하기도 할 노릇이다.

밥상 둘레에 옹기종기 모여 앉아 재잘대던 형제들은 집을 떠난 지 이미 오래다. 그 북적대던 집안엔 부모님 단 둘뿐이다. 생각은 그렇지 않은데, 썩 자주 가는 처지도 안 되니 삼십 년 전 올망졸망 좁은 집에서 부대끼던 시절이 그리워지는 요즘이다. 의식주 어느 것 하나 풍족한 것이 없었다는 건, 오히려 모든 게 소중했던 구실이 될 수 있으려나. 시선은 늘 온순했고 마음은 온기를 잃지 않았다.

선과 악의 구분이 명확하지 않으면서도 어렴풋이 기우는 '선'의 영역에 머물러야만 하는 줄 알 만큼 순수했다. 봄이 오는 소리를 들으려 얼음 밑 물소리에 귀를 기울이기도 했고, 버들강아지가 고운 털을 내밀 때면 두근두근 까닭을 알 수 없는 그 설렘을 즐겼다. 성급히 마중 나간 봄 앞에서, 파리한 새순을 경이로이 쓰다듬던 느낌이랑 갖가지 꽃들의 피어남은 하루하루 지켜보는 것으로도 황홀해 마지않았다. 세상의 어둡고 추한 면을 알기 전의 시간이다. 아무런 의심도 하지 않고 보이는 그대로를 믿을 만큼, 오염되지 않은 가슴이 뛰던 시절이었다.

늦은 가을날 노트 한 권을 들고 앞산에 오르면 마을 전체가 내려다보였다. 누런 볏단이 정겨운 모습으로 쌓여 있었고 벼 베기가 끝난 논에는 고즈넉한 쓸쓸함이 감돌았다. 길게만 느껴지는 겨울로 향하던 고독한 시간은 오히려 되는대로 누리는 것이 상책이었다. 무덤가 마른 잔디 위에 앉으면, 졸음에 겨운 듯 나른해 오던 눈꺼풀이 따사로운 햇살과 어울려 생뚱맞은 아늑함을 줄 적도 있었다. 누구에게도 알려주고 싶지 않던 호젓한 무념의 시간들은 나를 평화로운 사람으로 길들이려 애썼다.

늘 갖고 싶은 무언가가 있었으며, 하고 싶은 무언가를 꿈꾸던 시절이었다. 그런데도 그 시절로 돌아가고 싶은 것은 결핍이 주는 것 중에는 '행복'이란 것이 분명히 숨어 있었기 때문이다. 어쩌면 행복은 결핍의 그늘 뒤에 숨어 있는 무지개인지도 모른다. 그때 느꼈던 행복이 지금의 것보다 훨씬 순도 높은 것이란 걸 인정해야만 한다. 당연함과 허탈감 사이에서 잠시 눈을 감지 않고서는 배기지 못할 노릇이다.

물질이 흔해진 풍요 속에서 가슴으로는 바람이 휘휘 부는 허허로움을 느끼기보다, 좁은 데서 어깨 부딪치며 나눌 수 있던 따스함이 더 귀하기 때문일까? 지나온 길을 되밟을 수 있다면 그즈음에서 오래오래 샅샅이 둘러보고 싶다. 그때는 설렁설렁 놓쳐버린 것들을 지금은 꼼꼼하게 챙길 수도 있을 것 같다.

누구나 한 번쯤은 왔던 길 더듬고 싶은 생각을 할 것이다.

돌아가고 싶은 순간은 적어도 지난 삶 중에서 가장 푸르던 시절이 아닐까?

세월이란 것은 물결처럼 흐르고 인생이란 것은 생각처럼 길지 않다. 지금 이 글을 쓰고 있는 순간도 먼 훗날 추억해 보는 지난날이 될 것이다. 만약 그때도 시간 여행을 하게 된다면 2016년의 어디 즈음도 두루두루 살펴볼 곳이 많을 것 같다. 어떻게 하나 걱정이 앞선다. 나만이 알 수 있는 지도를 잘 그려두어야 할 텐데….

몰래 우는 건 몰래 웃기보다 힘들다

조금이라도 힘을 줘 건드리면 바스라질 듯한 건조함을 달래준 봄비의 위력은 실로 놀라웠다. 촉촉함으로 세상을 빨아들이기에 급급했던 봄비는 어제에 이어 오늘까지 내게도 흠뻑 내리는 중이다. 누구에게 들키지 않아야 한다고 생각하며 울어본 적이 있는가. 눈물과 사람에 대해서 간략하게 말하자면 눈물 많은 사람과 눈물 없는 사람으로 나눌 수 있을 것이다. 나는 전자에 가까웠다. 그것이 때론 작은 감동으로 작용하기도 하는지 내 삶 전체를 온기로 움직이게도 했고, 때론 묵은 체증을 후련하게 해소해 속을 확 트이게 하는 청량감도 줬던 건 사실이다.

누군가 청승맞다고 느낄 수도 있고 남이 우는 모습을 대하는 것을 힘들게 인식하기도 하는 탓인지, 언제부터인가 맘 놓고 울

수 있는 자유조차 없어진 듯하다. 책을 읽다가 또는 TV나 영화를 보다가 옆에 누군가 있음을 알면서도 눈물이 날 때가 있다. 무슨 까닭에선지 그 눈물이 뭐 대단한 비밀도 아니면서 아무에게도 들키고 싶지 않고 혹여 들킨다 해도 너그러운 상대가 기꺼이 못 본 체해주길 바라곤 한다. 사람마다 감성의 온도가 다른 건 생김새가 다르고 취향이 다른 것과 마찬가지로 당연한 일이다. 무감각하게 시청하는 사람 옆에서 훌쩍이면서 뜨거운 코를 풀어 버려야 하는 건 생뚱맞고도 난처한 일이었다. 그보다 더 생경한 일은 나는 나름대로 눈물을 아끼려 두 눈을 부릅뜨고 입술까지 깨물어가며 참고 있는데, 그와 내가 일치되는 공감의 교집합은 애당초 존재하지도 않았다는 사실이 확인되는 것이다. 이런 일이 몇 차례 반복되면서 더 이상 그 앞에서 눈물 흘리는 걸 들키고 싶지 않았다.

남자는 어떠한 경우에도 강해야만 하고 눈물을 함부로 보여선 안 된다는 말이 그로 하여금 눈물을 무조건 외면하게 했을지도 모른다. 이제라도 슬프면 슬픈 그대로 찡하면 찡한 대로 허무하면 허무한 대로 억울하면 억울하다고 내 앞에서 좀 울어주면 좋겠다. 기쁨 감격 상실감 환희 좌절 감동 따위의 울고 싶은 순간이 그에게만 없을 리가 만무하다. 언제나 든든한 척 맹목적인 허세로 힘들게 버티지 말고 정말로 괴롭거나 힘들 때면 나는 기꺼이 같이 울어줄 생각이 있다.

오랜만에 봄비가 내렸고 온 산은 말라붙었던 물감 팔레트에 물을 부은 것처럼 고운 빛깔로 부풀고 있었다. 오랜만의 해갈 탓일까? 긴긴 목마름이 자못 억울했던지 새순은 제 존재를 발표하듯 저마다 꿈틀거렸다. 꽃망울도 뒤늦게 지각이란 사실을 깨달았는지 서둘러 여기저기 터뜨리기에 바빴다. 그 풍경을 보는 척 서툰 연기를 하며 조수석에서 소리 없이 우는 내 모습을 들키진 않았을까. 휴지도 찾지 않았고 가끔 터널도 있어 위장의 기회도 있었으니 어쩌면 완전범죄로 남을 수도 있었을 것이다. 아무것도 묻지 않고 누가 같이 울어 줄 사람이 있다면 참 좋을 것도 같았다. 감추며 우는 건 정말이지 괴로움을 어쩌지 못 하는 고문이었으니까.

일부러 웃어 보려고 개그 콘서트를 틀어 놓았는데도 순식간 물티슈가 또 필요했다. 한참을 닦은 탓인지 눈가가 쓰라린 느낌에 휴지를 뭉쳐서 눈 위에 얹고 누웠다. 코가 막히다가 시큰해지고 머리가 띵해지며 어질어질하다. 다들 잠든 봄밤에 혼자 잠들지 못한 채 흐르는 눈물을 감싸들고 작은 방에 오자마자 문을 닫고 주저앉았다. 끄억 끄억 숨죽이는 와중에 눌려 있던 통곡들이 봇물 터진 듯 한꺼번에 넘쳐났다. 어떻게 하다 잠이 들었던지 아침은 밝았는데도 고개를 숙이면 눈물인지 콧물인지가 주책없이 떨어졌다.

무언가 맺혀 있었던 게 그리도 많았던지, 고운 줄로만 믿었던 사람의 뒷모습이 생각처럼 안 예쁘다고 그게 그렇게 서운한 건지. 마치 그림일기를 쓰다가 잠이 들어서 다음 날 아침에 완성하는 아이처럼 어제 남긴 눈물을 오늘 마저 토해냈다. 그 눈물이란 것, 돌 틈을 뚫고서라도 꽃 한번 피워 보겠다고 비어져 나오는 새싹만큼이나 집요했고 암튼 지랄 같았다. 수돗물을 틀 때도, 고구마를 먹을 때도, 밀대로 청소하다가도 사정없이 쏟아졌다. 그래도 이번 살풀이는 여기서 그만하련다. 이것으로 내 맘의 비는 멈춰야 하는 게 백 번을 생각해도 맞는 것 같다. 내일은 내 마음에 강한 햇볕이 따가울 정도로 내리쪼이면 좋겠다.

만약 누군가가 나를 추억한다면 기억되는 뒷모습이 더 걱정되는 그런 날이다.

친묘기

가끔은 말이야 그런 날도 있었지. 오가며 마주치는 사람들보다 길고양이를 더 많이 보게 되던 날 말이야. 무언가를 찾고 싶어 헤매던 면적에 비하면 형편없이 인색했던 만남이었지. 겨울이면 더욱 심해졌지만 어쩌겠는가.

자네, 우리 처음 만난 날 혹시 기억하는가. 그날은 벼르고 별러 왔던 큰일을 도모했지. 난로를 열어 연탄불을 번쩍 집어 들었어. 마당 귀퉁이에 자리 잡고는 석쇠 위에 양미리를 굽고 있었지. '소싯적'이라고 부르는 오래전 그때처럼 말이야. 그때 자네의 모습이 보이더군. 반가운 마음에 오라고 손짓해도 숫기 없는 자네는 쭈뼛거리며 하릴없이 마당 가만 맴돌았지. 한 번 맛이나 보라고 권해도 보았지만 자네는 멀찌감치 달아나더군. 더 많이 마음 쓰는 편이 약자인 건 동서고금 불변의 법칙이 아니던가. 별수 있나. 자네와 친해지고 싶었던 내가 수고를 무릅쓸 수밖에. 거 근데 말이야. 자네 은신처까지 배달은 갔다만 그날 어찌 그리도 수줍었는가. 기어이 내 눈에 안 띄는 곳으로 가져가 먹더군.

잠시 후였어. 소문이 퍼졌는지 검은색의 젊은이가 나타나고 잠시 후 누렁 색깔 여인네도 나타나더군. 혹시 자네가 연통한 건 아니었는가? 아무튼 누런색 그 고양이 말이야. 연륜 때문인진 몰라도 노련하더군. 가란 말 안 한다고 같이 좀 먹자는 듯 넙죽넙죽 잘도 먹더군. 마침내 보름달처럼 얼굴이 흐뭇해졌는데도 일어날 생각일랑 없어 보였어.

두 번째 만났던 날은 그새 해가 바뀌어 있었을 거야. 나는 한눈에 알아볼 수 있었지. 자네가 두른 삼색 털 말이야. 사실 처음 본 날부터 끌렸었거든. 자네처럼 새침한 얼굴형에는 참 잘 어울리는 색이야. 이성에게 인기 좀 있을 것 같은데 내 말이 틀리는가? 그날도 쭈뼛거리며 내외하던 자네가 영락없는 밀당의 고수라는 것쯤은 헤아릴 수 있었지. 내게도 그런 눈치 정도는 있다네. 먼저처럼 배달을 안 해주니 어슬렁어슬렁 다가와 마지못해 눈인사만 하더군. 자네가 뼈다귀는 별로 안 좋아한다는 사실을 알았던지라 대가리를 던져 줬지. 은신처까지는 너무 멀었는지 차 바퀴 밑에서 먹더구먼. 자네도 혹시 아는가? 추억이란 거 말이야. 하고많은 생선을 마다하고 왜 양미리를 택했겠는가. 바람 안 들어오는 내 집을 마다하고 왜 마당 한 귀퉁이에 쭈그려 앉았겠는가. 추억이라는 것은 본시 그런 것이라네. 성가심조차도 들뜨고 찬바람조차도 상쾌한 법이지. 그만하면 추억 속의 겨울 한 장면 재현하는 데 성공했지 뭔가. 알싸한 추위와 손 시림에 나는 아주 만족했네. 훠이 훠이 입김을 묘사하려면 정신이 번쩍 날 정도로 추워야 제 맛이거든. 노릇노릇 잘 구워주는 연탄의 넉넉함이 곱아 있던 손가락을 녹여 주었지. 그때만 해도 자네를 다시 만날 줄은 몰랐지 뭔가.

겨울이 간다는 게 싫지는 않았지만 아쉬운 것도 있기는 하지. 고독한 적막감, 좋게 말하면 느긋한 평화로움이 점점 줄어들고 있다는 사실이 솔직히 겁도 났어. 이 겨울의 마지막이 될 줄도 모른다고 생각했지. 오일장에서 만난 양미리 타래가 안 가져갈 거냐고 자꾸만 말을 걸었어. 언제나 마음이 허허로운 사람은 기울게 되는 법이지. 또 한 번 판을 벌였다네. 겨우내 삼세 번 해보니까 일도 아니더군. 알배기가 꾸덕꾸덕해지며 노릇노릇해질 무렵 깜짝 놀랐지 뭔가. 마른 그루터기뿐인 밭 가운데 저만치 뭔가를 본 듯도 싶었어. 부르지 않아도 성큼성큼 다가오는 모습은 삼색 털 가진 자네가 아니었나. 아무렇지 않게 차 밑에 자릴

잡더니 양미리를 나눠 먹었지. 조금씩 조금씩 앞으로 다가오던 자넨 배가 불러오자 오른손으로 장난도 걸더군. 고양이 세수를 마친 후에도 갈 생각을 안 하던 자네도 외롭긴 한가진가 봐. 검둥이랑 누렁이를 같이 기다려줬지만 오지 않았고 우린 느긋하게 가는 겨울의 꼬리를 잡고 장난을 쳤지.

장난질, 맞아 이곳 날씨는 봄이 올 무렵 장난질이 심하지. 꽃소금만 하던 싸락눈이 어느새 불어 있었어. 송이송이 함박꽃이 하늘에서 만개하더니 온 세상을 덮어버릴 기세로 심술을 부렸지. 우리가 헤어져야 할 시간이었어. 추억을 즐기다 또 다른 추억을 쌓을 수 있었던 올겨울 자네를 만나 행복하고 즐거웠네. 한가지 물어봐도 되는지 모르겠네.

자네도 나를 만나 혹시 즐겁진 않았는가?

서툰 이별

며칠 있으면 떠날 그를 생각하다가 뜻하지 않은 불면과 맞닥뜨려야 했다. 갑자기 어릴 적의 그것과 비슷한 종류의 눈물이 배어 나온다. 눈물에도 참 여러 가지가 많다. 슬퍼서 우는 눈물, 기뻐서 흐르는 눈물, 감동으로 번지는 눈물, 추워서 새어 나오는 눈물, 하품과 나른함을 동반하는 눈물까지 참 그 성격도 사연만큼이나 다양하다.

나는 직감적으로 오늘 흘러내리는 눈물이, 초등학교 어느 겨울방학을 마친 후에 흘린 눈물과 맞먹는 농도의, 쉬이 잠을 허락하지 않는 그것이라는 걸 알았다.

당시 엄마는 방학만 하면 나를 외갓집에 보냈다. 과연 내가 육친의 정이라는 걸 알고서 그런 건지 모르지만 1학년 여름방학이었다. 아무것도 모르고 엄마 치맛자락 붙잡고 외갓집을 찾았다. 방학 동안에 외할머니께 맡겨두려고 했겠지만 생전 처음으로 떨어져 있을 생각을 하니, 너무도 기막히고 원통해서 악을 쓰며 엄마를 쫓아갔다. 나를 잡고 말리는 할머니와 이모님을 한껏 저주하며 일곱 살짜리 아이는 신작로에 주저앉아 흙투성이 된 맨발이 아픈 줄도 모르고 자갈돌을 굴러댔다. 해를 절반 넘게 삼켜버린 골목이 들썩거릴 정도로 대단한 대성통곡이었다.

나를 떼어 놓고 간 엄마를 그렇게 쉬이 용서할 거면서도 말이다. 아니, 솔직히 말하자면 며칠이 지나자 별로 엄마 아빠를 비롯한 집 생각이 나지도 않았다. 인형이나 장난감이 동생들과의 공동의 것이 아닌 내 단독 차지가 되었고, 텔레비전에 나오는 인형극과 디즈니만화의 황홀함은 새까맣게 그을리며 냇가에서 멱을 감는 따위의 일상보다 몇 곱절이나 감격스러웠다. 왠지 모르게 축복받은 느낌마저 들었다.

개학 날짜를 코앞에 남겨두고 외할머니 손을 잡고 돌아올 때면 늘 예쁜 옷 한 벌씩 얻어 입었던 탓에 동생들의 부러움을 사기도 했다. 그렇게 시작된 것이 방학만 되면 외갓집 가는 게 당연시되었는데, 당시엔 거의 50일이 넘었던 겨울 방학이 길고 길었던 탓이었을까. 아니면 외할머니의 각별하신 사랑을 늦게서야 깨달은 걸까. 집으로 돌아와 내 가족들과 함께 잠자리에 누웠는데 자꾸 할머니 생각이 났다. 나를 쳐다볼 때마다 기특해하시던 눈길, 매만질 때의 귀하게 여기시던 손길, 나를 부르던 음성에서 묻어 나오는 그 찰진 정겨움이 자꾸 떠올랐다.

할머니와 떨어진 게 아쉬워 미칠 것 같았다. 사정없이 휘몰아치는 정월의 칼바람은 죄 없는 창호지 문을 밤늦도록 못살게 굴었다. 옆으로 베고 누운 베갯잇의 금박문양이 눈물에 어른거리며 두 겹, 네 겹, 수십 겹으로 번져나갔다. 차갑게 식은 눈물 때문에 귓가가 먹먹해질 즈음 엄마는 여름 방학하면 또 가면 되지 않느냐고 위로해 주셨지만, 그 말씀조차 내게 약이 되지 못했고 급기야 골머리까지 지끈거려 어지러웠다. 처음 경험한 '이별의 아쉬움으로 잠 못 드는 밤'이었다.

부모 형제, 동기간에도 해줄 수 있는 것은 따로 있는 법이다. 마음으로야 도와주고 싶어도 그것이 걱정만으로 끝날 수밖에 없다. 그가 몇 달 전 이리로 오게 된 건 순전히 우리의 사정 때문이었다. 갑자기 허리에 이상이 생겨 당분간 일을 할 수 없었던 남편의 부탁을 거절하지 못하고 인천에서 평창까지 내려온 그였다. 계획하던 일에 약간의 공백기가 생긴 탓도 있었지만, 오랜만에 재충전할 기회를 포기하고 그 부탁을 수락하는 것도 말처럼 쉽지는 않았으리라.

몸이 좋아질 때까지 당분간 도와주러 온 그의 의리를 비웃기라도 하는 듯이 일의 시스템에 변동이 생겼다. 처음 자리를 잡을 때까지 어수선하기만 했고 무지막지한 시간을 도로에다 쏟아 바친 채 잠이라곤 몇 시간 잘 수도 없었다. 방을 얻어주려고 했지만, 급히 얻으려니 구해지지도 않아 그야말로 설상가상이었다. 처음 며칠 동안은 우리 집 안방을 내어주고 살았다. 너무 힘이 들어 그가 못하겠다며 가버릴까 봐서 눈치까지 보였다. 차라리 힘들다고 하소연도 하고 자기 마음대로 편하게 있어 주면 좋을 텐데, 예의 있고 경위 바른 사람이다 보니 그런 내색도 하지 않았다. 오히려 이쪽에서 몸 둘 바를 몰라 조심스러웠다.

다행히 방도 구해졌고, 자리가 잡혀감에 따라 시간도 맞춰졌다. 낯빛도 한층 좋아지려다 보니 어느새 이별할 날짜가 다가온다. 더 해달라는 말을 하고 싶어도 욕심이라는 걸 너무도 잘 알고 있다. 그에게도 사정이 있고 이만큼 도와준 것도 아무나 할 수 없는 일이기에 더 이상 부탁하는 건 염치가 아니라는 것도 안다.

수일 내에 그는 인천으로 돌아갈 것이다. 그 날짜가 다가오는 것이 무섭기도 하고 아쉽기도 하다. 아무도 도와줄 수 없는 힘든 시간에 선뜻 이곳으로 와주었던 사람, 힘들어도 말 한마디 않고 성실했던 사람, 그만두고 달아날까봐 내 쪽에서 눈 마주치기 두려웠던 사람, 휘청거리던 시기를 견디게 해준 고맙고도 미안한 사람.

며칠 있으면 자기 둥지로 떠날 그를 생각하니 외할머니와의 이별만큼 아쉽기만 하다. 나는 아직도 이렇게 이별에 서투른데, 그는 어떨까. 훨훨 날아오르는 그의 비상을 꿈꾸어 본다.

장 독

이미 흘러내려가 지층처럼 굳어 쌓인 시간을 헤아려 짚어 보자는 것도 아닐뿐더러, 덧없는 세월 앞의 온갖 것들을 조롱하자는 것은 더더욱 아닐 터이다. 잘 살아가고 있노라 하다가도 예고 없던 눈길이 닿으면 와르르 허세가 무너졌던 건 언제나 내 쪽이었다. 가시로 무장했던 내 모습이 장독 앞에서 여린 새순으로 돌아가는 순간이다. 변하는 속도가 빨라진 시대에 아무런 공치사 없이 듬직한 장독대를 볼 때마다 드는 나만의 생각이다.

상실의 허무가 두려운 나머지 일찌감치 거리를 두기도 하고, 촌스러운 인정이 상처받을까봐 애초부터 마음 가려는 걸 지레 단속도 한다. 눈물 한 바가지 쏟아낼 게 뻔한 대책 없는 아쉬움에 겁먹어 이별마저 연습하고 싶었듯이, 내 마음속엔 언제부터 보이지 않는 막이 드리워 있었다.

망각의 동물이라고는 하나 사람과의 관계에서 먼저 잊혀진다는 건 어찌 보면 참 슬픈 현상이다. 내가 누군가를 그리워하는 만큼 그도 나와 엇비슷한 분량의 그리움을 가져본 적 있기를 바라는 건 왠지 모르게 유치하지만, 나는 간혹 일삼아 유치한 사람이 되어 보기도 한다.

내 마음속엔 무수히 많은 그리움들이 쌓여 있다. 그것 한 장면 한 장면 꺼내볼 때면 차갑게 나를 감싸던 무채색 장막이 녹아내려 흔적조차 없어지는 기이함을 경험한다. 살포시 눈꺼풀 내리는 순간 연두와 초록으로 넘실대는 풀 향기 맡으며 차돌멩이 같은 꿈을 어루만지는 한 아이와 만난다. 아이에게는 흙벽돌 초가집이 자리한 '양짓말'이 그의 낙원이자 드넓은 세상이다.

온 세상의 중심이 되는 집의 뒤란 한쪽에 장승처럼 무턱대고 믿음이 가던 장독대가 있었다. 뒤꼍으로 향하는 부엌문을 열고 몇 발짝 걸어가면 만나게 되던 곳, 안방 뒷문을 열면 마주치던 그 장독대에서 풍기던 짭조름한 향기가 수십 년의 시간과 공간을 유영하며 평생토록 아이의 입맛을 가늠하게 되리라고는 미처 예상조차 못 했다.

간혹 아이의 엄마는 처음 수확한 햅쌀로 공들여 지은 뽀연 김이 오르는 밥이나 구경이 좀처럼 쉽지 않던 떡이라도 하게 되면 장독대, 쌀독, 부뚜막, 마구간에 먼저 떠놓을 때가 있었다. 철모르는 아이의 눈에도 그 절차는 본능적인 신성함을 요구했다. 지금 생각해 보면 집안의 모든 안녕에 감사하며 무사를 기원하기도 하고 가족의 무병을 바라던 성스러운 의식이었을 것이다.

보고만 있어도 배가 부른 장 단지들을 틈틈이 닦아내던 손길은 아이 엄마의 간절한 기도였으리라. 해가 뜨면 경건하게 장독 뚜껑을 열었다가도 익살스러운 소나기에 열 일을 제치고 장독대로 뛰어오던, 정신의 중심처럼 각인된 그곳은 때때로 아이 엄마만의 고즈넉한 공간이 되기도 했다.

짧은 겨울 해가 드러난 지 얼마 되지도 않아, 까치 제 목청 자랑삼아 설치던 날엔 언 땅을 뽀드득거리며 반가운 사람이 올 것만 같았다. 막연히 들뜨던 기대로 마을 초입새에 내던진 지 오래된 시선은 눈사람처럼 얼어 있었다.

봄에는 그랬다. 부엌에서 나와 장독으로 가는 쪽 정면으로 돌담 울타리 뒤로한 채 말라 있던 가지에서 여린 복사꽃과 살구꽃이 피었다. 햇살에 반짝이는 살구 잎사귀는 꽃 못지않게 애틋하였다.

여름이 무르익었을 때 아이는 백합 향내의 콧대 높은 존재감을 새삼스레 되새기며 화덕 위 무쇠 솥뚜껑을 슬며시 밀었다. 솥뚜껑 언저리로 매운 연기 참아내던 엄마의 눈물이 주르르 흘렸다. 토실토실 잘 여문 옥수수를 엄지로 따 먹으며 누가 더 많은 알갱이를 한꺼번에 따는가 하는 쌍둥이 놀이를 즐겼다. 한꺼번에 대여섯 개씩 옥수수 알이 떼어질 때면 형언할 수 없이 짜릿한 손맛을 느끼곤 했다.

장독대 주변엔 가을까지 늘 꽃이 있었다. 노란색을 뽐내던 장다리도 그랬을 테고, 눈송이를 닮은 것도 같고 밤하늘 어딘가에서 떨어진 형제별 같기도 한 부추 꽃은 말할 것도 없을 것이다. 돌 틈에 떨어진 씨로 훌륭한 꽃송이를 피워낸 맨드라미 또한 아이 엄마의 눈물을 수차례 엿보았을 것이다. 한숨 소리 어지간히 들었을 거고 시름깨나 달랬을 것이다.

숯처럼 까만 물이 고요하기만 하던, 한 아름 될 듯하던 간장 항아리에 얼비치던 아이의 눈빛이 이전만큼 순수하지 못하다는 것도, 간밤 이부자리에 새로운 지도를 그려대는 어린 동생의 자존심만은 지켜줘야 한다는 것도 소금 항아리는 짐작하고도 남았을 것이다. 매번 상에 오르는 장 뚝배기로 누가 제일 맛난 밥을 비비는지, 어떤 장아찌에 어떤 맛이 배었는지, 묵은장에서 얼마나 깊은 맛이 나는지 전부 알고 있으면서 누군가의 발자국 소리에 귀만 기울였을 것이다.

장독들이 무거워 보이는 건 그것이 알고 있는 비밀 이야기 때문인지도 모른다.

아이와 아이의 동생들의, 아이의 엄마의, 아이의 할머니의, 할머니의 엄마의…. 얼마나 많은 속내를 장독만이 알고 있을까. 왠지 입 무거운 장독이 나를 보고 웃는 것만 같다. 진즉부터 나란 아이를 알고 있었다며 서두르지 말라고, 묵묵한 기다림 없이 이뤄지는 건 없다고 한다. 시간이라는 것에 나를 억지로 꿰맞추지 말라고 한다.

늘 건강한 호흡으로 살다 보면 언젠가 깊은 맛이 날 거라고 위로받고 싶어지는 날이다.

4. 스무 살 나와 해후, 그리고

동병상련

얼마 전 나는 서울의 어느 정형외과, 비시술 치료실 앞에 앉아 있어야 했다.

갑자기 허리의 불편을 호소하던 남편의 디스크는 최첨단 의학의 힘에 의지할 수밖에 없었다. 최소한으로 후유증이 적고 당일 시술에 그날로 귀가할 수 있다는 조치를 받았다. 사람의 몸이라는 게 어느 한순간의 안위도 보장할 수 없다. 보호자 대기석에는 먼저 온 두 명의 여인이 무사한 처치를 바라며 누군가를 기다리고 있었다.

연세가 꽤 지긋하면서도 목소리 하나는 짱짱한 할머니께서 병원 관계자에게 같이 오신 할머니가 왜 이리 안 나오는 것이냐고 따지셨다. 얘기인즉슨 실버타운에 같이 사는 80대 어르신을 모시고 왔는데, 들어가신 지 한참이 되었건만 나올 기미가 안 보이니 본인도 슬슬 지루해지고 힘에 겨운 눈치였다.

기다리는 환자분이 지독히도 고집 세고 성격 드센 할머니라며 고개를 절레절레 흔드셨다. 시집가서 얼굴조차 익히기 전 군대로 떠난 남편은, 배 속에 새 생명을 남겨 놓은 사실도 모른 채 전사했다고 했다. 스무 살 나이에 혼자되어 유복자 아들 하나 바라보며 사시다 보니 어지간한 대장부는 저리 가라셨고, 또 그래야만 살 수 있었다고 했다. 성격이 너무 강하다 보니 다른 분들이 가까이하지도 않고 어려워한다는 말씀이시다. 당장에 오늘 아침만 해도 병원까지 오는 도중 택시기사더러 어찌나 뭐라고 하는지 난처해서 혼이 났다는 말씀이셨다. 혀를 끌끌 차시는 모습이 엄살 같아 보이지는 않았기에 '이왕 좋은 일 하시니 편히 앉아 기다리시라'는 말조차 건네기 망설여졌다. 괜스레 고개만 주억거리며 애매한 웃음만 머금고 있어야 했다.

보기에는 무척 강단 있고 혈색 좋아 보이시던 할머니가 우리 앞으로 성큼 다가오시더니 뒤돌아 난데없이 바지를 내리셨다. 엉덩이골이 반쯤은 드러난 그 위로 굵고도 선명한 수술 흔적이 자리하고 있었다. 몇 년 전 아주 큰 수술을 했지만, 지금은 그런대로 잘 지낸다며 이 할머니도 허리가 안 좋다 하기에 모시고 왔다고 했다. 혼자인 사람이 혼자를 이해할 수 있고, 아파

본 사람만이 아픈 이의 마음을 읽을 수 있는 것이리라.

나는 가족으로서 동행했지만 할머니는 실버타운 내의 이웃과 함께였다. 복도 앞 기다란 의자에는 나와 그분 말고도 단짝을 기다리는 60대 아주머니도 계셨다. 이분은 '이 친구 아플 때는 내가 가주고 내가 어디 아플 때는 저 친구와 함께한다.'며 이제 슬슬 고장이 잦은 몸을 품앗이로 동행하는 중이라고 웃으셨다. 살아가면서 마모되고 녹도 슬어 가는 게 자연의 순리겠지만 등 굣길을 같이 나누던 동무처럼 사이좋게 병원 동행을 할 수 있는 벗이 있다는 것은 얼마나 보기 좋은 일인가. 친구와 함께여서 아픔도 두려움도 반감시킬 수 있는 우정이 부러웠다.

같이 왔던 환자들은 문밖에서 오매불망 더 건강해진 그들을 기다리는 우리들 마음을 헤아리고는 있을까. 육중하게만 보였던 문이 어느 순간 열리고 스무 살에 혼자 되셨다는 할머니가 나오셨다. 그사이 그분 이야기를 많이 들어서인지 초면임에도 반갑기까지 했다. 찌렁찌렁한 목소리로 오랜 시간 기다려준 아우 할머니를 향해 자신이 무사히 처치를 받고 나온 상태를 알리셨다. 그 모습이 너무 정정하고도 당당해 보여 내 마음마저 밝아졌고 우리는 모두 소리 내어 웃었다.

얼마의 시간이 흘렀다. 우두커니 무사만을 소망하던 내 앞에도 기다리던 사람이 나타났다. 수납을 완료하고 발길을 돌릴 때

즈음 두 분의 할머니 담소하는 모습이 눈에 들어왔다. 세상의 어떤 모습보다도 소중해 보였다. 서로를 헤아리고 의지하는 동병상련의 눈빛이 주변마저 향기롭게 물들이고 있었다.

보목리의 성찬

평창문예대학의 이번 문학기행이 제주도로 정해졌다고 했다. 아마도 그 순간부터였을지도 모른다. 우리가 이박 삼일 동안에 먹을 식단 중에는 갈치조림이라는 메뉴가 내정되어 있었다. 하서 김시철 선생님께서 손수 조림을 자청하셨다. 커다란 그늘에서 문학 공부하는 것도 분에 넘치건만 손수 해주시는 갈치조림까지 먹을 줄이야. 아무리 손맛에 자신이 있으시더라도 열정과 애정 없이는 엄두도 못 낼 귀찮은 일거리를 자처하신다.

누구는 짐을 줄이느라 야단인데 요리에 쓸 양념과 재료까지 챙겨 버스에 오르시는 모습은 청년처럼 늠름하시다. 겉절이 솜씨가 일품이며 손끝 야무지신 강 선생님이 바쁘신 틈을 쪼개어 실력발휘를 해주셨고, 숙모님께서는 오이소박이를 정성으로 담

그셨다. 귀한 마음 귀한 손길이 빚어낸 손맛을 상상하니 갈치조림에 대한 기대치 또한 높아질 수밖에.

서귀포시인 한기팔 선생님과 이른 아침 판장을 휘돌러 나가신다. 갈치를 장만해 오시는 노스승의 열정은 삼백육십오 일이 오뉴월 땡볕마냥 항시 따갑다. 때로는 대나무인 듯 높고도 곧기만 해서 우러러보기에도 바쁘지만, 잠시 한눈을 팔다가 보면 언제부터 회초리 들고 계셨던 건지 가끔은 따끔할 적도 있다.

방 한 칸에 주섬주섬 깔아 놓은 신문지는 우리들의 소중한 추억을 위한 너른 식탁보가 되었다. 하늘 바다 바람 햇볕과 땀이 빚어낸 자연재료들로 밥상은 수놓아진다.

옷깃 한번 스치는 것도 전생에 몇 백 겁의 인연이 있어서라는데 한 상에서 밥을 먹고 한방에서 잠을 자는 우리는 몇 천 겁의 인연으로 만났을 것이다. 스승과 제자로 만나는 인연이 부모 자식의 그것보다 귀하다고 한다. 함께하는 시간 속 서로 다른 얼굴 하나하나가 소중해 보인다.

맛깔스러운 겉절이가 시집온 지 얼마 안 되어 발그레한 새각시 같다면 오이소박이는 처녀 가슴 속 울렁이는 두근거림처럼 귓가에 머무르며 아삭거린다. 숫기 없는 노총각 닮은 제주도 고사리는 뭍에서 온 여인들 탓에 그 속이라도 타는 걸까. 시커먼 모습이지만 의외로 부드럽고도 속정 깊은 맛인지라 그 어느 것과도 잘 어울렸다. 선생님 못지않게 기다랗고 미끈한 갈치를 요리조리 매만지고 뜸 들인 끝에 갈치조림이 한 상 차려졌다. 마른 몸 어딘가에서 솟아나는 열정은 은빛으로 빛이 났다. 생긴 모습만큼 연령 성격 취향이 제각각인 학생들이지만 갈치 밥상 앞에서는 모두가 말 잘 듣는 어린 양의 심정이다.

한술 떠서 입에 넣으니 절로 사르르 녹는 바람에 천천히 먹으려던 체면치레가 맘처럼 되지도 않는다. 달큼한 무와 어우러진 갈치의 부드러움은 씹고 자시고 할 것도 없이 뼈까지 우물우물 삼켜야 했다. 술술 넘어가기에 바쁜 민망스런 감사함은 목구멍 깊은 곳으로 자꾸 숨기에 바쁘다.

대관령에서 오신 노부부는 한 쌍의 기러기처럼 보인다. 오랜 세월 함께 한 백발의 연인에게선 아직도 살구꽃처럼 은은한 기류가 흐르고 있다. 그분들의 온기로 가슴이 따스해진다. 소년 같은 남편의 하모니카에서 뿜어지는 즉석 연주로 무디어진 두 귀가 호사를 누리고, 소녀 같은 그의 아내는 연약한 듯 연약한 듯 소리 고개를 낭창낭창 잘도 넘나든다. 오카리나를 부는 선생님도 오늘만은 이분들 앞에 개구쟁이 악동같이 느껴진다.

기나긴 가뭄에 우리는 갈증이 일던 참이었다. 제주에서 뜻밖에 단비를 만났다. 진종일 내리는 비는 나름의 운치를 자아내고 사흘이라는 시간을 꼬박 함께한 문예대학 식구들의 마음속에도 촉촉이 무언가가 스며들었다. 술에 취한 것인지 선율에 취한 것인지 시에 취한 것인지 노래에 취한 것인지, 그도 아니면 사람에게 취한 것일까. 참으로 흥에 겨운 밤이다. 아련하고 구슬프지만 행복하기도 하다. 아마 이런 상태의 마음을 더는 바라는 게 없다고 하지 않을까.

君師父一體라는 그런 말을 지금도 쓸 수 있는 건지 모르겠다. 하지만 보면 볼수록 그 모양이 사부일체다. 하얀 치아 유난히 길게 드러나 보이던 하서 선생님. 제비 새끼마냥 잘도 먹는 모습을 지긋이 바라보실 때 번지던 그 미소는 영락없는 아버지의 몫이었다. 참으로 꿈결 같은 찰나들이 춤추듯 너울거리며 제주의 밤은 깊어만 갔다.

한여름의 릴레이

예상했던 만큼 빠르게 달궈지는 게 당연하다. 후끈한 열기 탓으로 몸은 걷잡을 수 없이 늘어진다. 미리 각오했음에도 마음은 길 잃은 새처럼 방황한다. 주체하지도 못할 왕성한 생명력으로 온 세상을 초록의 번창으로 일구어 놓은 여름의 양면성은 늘 이렇게 극과 극을 넘나들기 마련이다.

밑반찬이 아쉽다는 아이의 전화가 요즘 같은 날씨엔 달갑지가 않다. 잘못하면 변질의 우려도 있을 테고, 제때 먹지 못하면 괜스레 음식 쓰레기가 될 터이니 조금 난처한 주문이었다. 그때그때 해먹거나 반찬가게서 입에 맞는 거로 조금씩 사먹으라고 해놓고도, 어느새 무엇으로 택배 상자를 채워야 하나 하는 근심 같지 않은 근심으로 아침부터 가스레인지 주변엔 한바탕 난리가 벌어진다.

오이를 버무리고 멸치를 볶고 장아찌를 무치고 두부를 구워서 조린다. 먹자 하는 입장에서는 별거 아닌데도 그 잘난 몇 가지 하는 동안 시곗바늘은 반나절 고개를 넘어서 있었다. 미숫가루도 넣고 통조림도 넣고 이것저것 아귀 맞춰 상자를 채우니, 마음이 한결 정리되는 느낌이었다. 어릴 때 먹던 집밥이라는 이유로 먹고 나서 기운 내길 바라는 마음을 담아서 정성껏 갈무리했다.

나의 경험으로 보자면 힘들거나 외로울 때 비싼 음식이 먹고픈 게 아니었다. 늘 어릴 때 먹던 별것 아닌 음식이 그리워지곤 했다. 특별할 것도 없이 시금털털한 김칫국이나 호박 썰어 넣은 수제비가 그러했다. 풋고추와 대파를 숭숭 썰어 놓고 빠득하게 지져낸 된장 뚝배기에 방금 뜸이 든 뜨신 밥을 비벼 먹으면 불끈 힘이 솟을 것 같은 순간이 더러 있었다. 아이도 내가 보낸 시시한 반찬이 제 입에 닿는 순간 무언가 찌르르 기운이 솟아나기를 희망했다.

저녁나절 숨이 턱에 차듯이 걸려온 어머니의 전화는 내일 택배가 도착할 거라 하신다. 상자 맨 밑에는 감자이고 그 위에는 강낭콩을 따서 보내니 제철인 강낭콩 밥을 해먹으라 하셨다. 이렇게 후텁지근한 날 더운 김 푹푹 오르는 흙 속에 엎드려 손수 캐고 따셨을 고생을 생각하니 앉아서 받아먹는 처지가 편하지만은 않았다.

결말을 미리 알고 있는 이야기는 늘 무덤덤한 법이다. 다음 날 내용물을 미리 알고 있던 상자를 현관에 들여놓고 개봉은 하지도 않았다. 콩을 까려면 시간도 오래 걸리고 그러다 보면 지루할 듯도 하다. 밤에 눈으로는 TV를 보며 손으로는 콩을 깔 요량이었다.

오후쯤에 아이는 택배를 잘 받았다며 알찬 구성에 감사하다는 기별이 왔고, 하루 일을 거의 마치고 나서 진종일 나를 기다린 상자를 뜯었다. 신발장 주변이 마치 꿈속 어디인 양 몽환적인 향내가 소리 없이 번지던 참이다.

한여름 밤 무르익은 향기의 출처가 아무래도 의심스러워 순식간에 상자를 열어젖혔다. 말랑말랑 농익은 복숭아들과 보기만 해도 침이 고이는 자두 한 움큼이 강낭콩 깍지 옆에서 살포시 새침 떨고 있었다. 어머니의 마음도 나와 같았나 보다. 자식한테로 가는 상자 안에 요것조것 하나라도 더 담고 싶으셨나 보다.

푹푹 찌는 더운 날 릴레이라도 마친 느낌이었다. 네모난 공간을 알뜰히 아껴가며 짐을 보냈고 나 또한 그런 것을 받았다. 같은 날 다른 장소에 도착한 보퉁이는 거창할 것도 특별하다고도 할 수 없는 것들로 채워져 있었다. 참으로 이상한 것은 내용물을 꺼내는 동안 본능적으로 기운이 솟았다. 그까짓 거, 못 이길 건 아무것도 없을 것처럼 나는 무턱대고 든든해져 있었다.

직무유기

길을 걷다가 보면 평탄하고 호젓한 길만 있는 것은 아니다. 그 길을 걷는 이의 마음 자세 또한 늘 한결같기를 바란다는 건 억지이다. 처음에는 기대에 차서 춤을 추듯 걸었지만, 뜻하지 않은 험한 여정에는 주저앉아 숨 고르기를 해야 할 때도 있다. 다시 맘을 다잡기는커녕 자꾸 밑에서 무언가가 끌어당기듯 맥을 못 추고 일어서지 못한 채 한없이 까라질 때도 있다.

그런가 하면 걷다 보면 이 길이 아닌 것 같아 오던 길을 되돌아가고 싶어질 때도 있다. 몇 번을 헤아려 보아도 돌아가기엔 너무 멀리 와버렸을 때, 그 막막한 순간들과 필연적으로 함께해야만 하는 불편한 동행도 분명 있는 것이다.

예측할 수 없이 이어진 길에서, 예측할 수 있는 만약의 위험에 대비하여 마음을 단단히 먹기도 한다. 정작 그에 닥치는 사고는 우려했던 거창한 사건도 못 되는, 아무도 생각 못 한 이름 없는 돌멩이에 걸려 넘어지는 것처럼 우리의 걱정과 결과는 늘 평행선을 유지한다.

'삶'이라는 화두는 나도 줄곧 소유하고 누리고 있으면서도 왠지 내 것보다는 거창하고 근사할 것 같은 긴장감과 두려움을 주곤 한다. 그건 그 말이 가지고 있는 그럴듯한 위엄일 뿐 삶이라는 말을 풀어 보면 살아있음, 즉 태어난 순간부터 목숨이 다하는 그 순간까지의 흐름이 아니던가.

일 초의 보잘것없는 순간이 모이고 쌓이다 보면 그것이 삶이 되고 마침내 인생의 두툼한 앨범이 된다. 매 순간 선택을 해나가는 것이 바로 삶의 진행형이건만, 아무도 그가 가고자 하는 방향을 친절히 가르쳐 주지 않는 걸 보면 여간 애석한 게 아니다. 다만 거짓말 같은 시간이 지칠 만큼 흐른 후에야 '삶'이라는 앨범 속에서 삭제해 버리고 싶은 장면이 분명히 남는다는 것이다. 나는 어쩌면 버리고 싶은 부분을 다 버리고 나면 빈털터리 된 인생 앨범만 허물처럼 남게 될까봐 은근히 걱정된다.

어느 날 아침 별것도 아닌 시시한 김치전을 게 눈 감추듯 맛나게 먹어 치우는 남편을 보면서 문득 그런 생각이 스쳤다. 이리도 잘 먹는 걸 이렇게 어려울 것도 없는 김치전을 이토록 오랜만에 부쳤던 나는 과연 제대로 살고 있는 건가. 내가 할 일을 잘 하고 있는 건가. 갑자기 머리를 세게 얻어맞은 느낌이었다. 누군가가 나에게 원하는 것은 그리 거창한 것이 아닌 사소하고도 조악한 것일지도 모르는 것이다. 일종의 직무유기였다는 씁쓸한 반성에 잠시 멈춰서 내 주위를 돌아보아야만 했다.

요즘 와서 내가 엄청난 직무유기를 일삼았다는 자각이 든다. 무엇으로도 갚아드릴 수 없는 부모님 심정을 헤아리면서도, 좀 더 살갑지 못한 자식으로서의 직무도 늘 그렇듯 부족함에 휑하다. 형제지간도 그렇다. 마음속에 돌덩이 같은 추를 달고 살았으면서도 맏이라는 자리에서 제대로 남긴 것도 없는 듯하니 이 또한 나의 책임이 있다면 있을 것이다. 늘 밥벌이를 좇느라 무언가를 찾느라 허덕이기만 했지 내 수고와 배려를 최대한 발휘하지 못했다. 어느새 아이들은 내 키보다 훌쩍 자라 있었고 가치관도 굳어져 있었으며 나름 고유한 색채마저 갖고 있었다. 이렇게 금방 커버리는 것을 몇 푼 번다고 일찍이도 떼어 놓았다. 좀 더 많은 시간을, 좋은 순간을 같이 해주지 못한 것이 두고두고 미안하다. 엄마로서의 그것도 내세울 게 없음은 마찬가지다.

그렇다고 나 자신에도 친절하지도 않았고 쉽게 포기도 했으며 내 삶을 가꾸는데 적극적이지도 못했다. 어쩌면 이렇게도 나는 내 삶에 직무유기의 연속이었는지….

보이지 않는 그 무언가를 찾아 헤매다 보니, 바로 내 옆의 사람에게는 맘 놓고 소홀히 한 생각이 들어 가슴이 내려앉는다. 그도 때로는 시시한 것에서 행복을 느끼는가 보다. 지금의 나처럼 말이다.

보잘것없는 오늘일지라도 어제 죽은 누군가가 절실히 갈망하던 '내일'이라는 것을 생각한다면 지금 누군가를 미워하는 자 엄청 큰 죄를 짓고 있는 것이다. 좋은 생각만 하고 살아도 인생은 길지 않으니까.

그대에게 물어도 좋은 건지 모르겠다. 당신의 인생을 돌보는 직무를 혹시 기억하고 있냐고.

터미널 풍경

며칠 연속해서 제법 추운 오후였다. 문화원 계단을 올라 운동장 세 바퀴를 돌아오는 산책 중이었다. 다른 날과 마찬가지로 종부 다리 위 낚시꾼 모습은 풍경과 하나가 되어 있었다.

평소보다 상큼한 기운이 다리 위에 물씬 풍겼다. 나보다 조금 앞서서 걷는 남녀에게서 풍기는 생기 탓일까. 둘은 셀카봉을 조절하며 사진을 남기고 있었다. 뺨을 할퀴는 차디찬 강바람마저도 둘의 마음을 식히기엔 역부족인가 보다. 시장에 들를 일이 있어서 그쪽으로 향하다 보니 고의는 아니어도 그들의 대화를 엿듣게 되었다. '한 세 시간이면 올라갈 듯하니 커피 마시며 차를 기다리면 될 것 같다'라며 분명히 터미널 안에 커피숍이 있을 거로 추측하며 걷고 있었다. 얼굴은 못 보았지만, 뒷모습에서 청솔 향이 피어나는 듯 싱그러운 한 쌍이었다.

뒤에서 그 얘기를 듣는데, 아뿔싸 터미널 안에 커피숍이 없는데 어쩌지? 하며 잠깐 걱정할 정도로 그들은 뜨거운 커피 한 잔을 기대하며 당당하게 터미널을 향했다. 문을 빼꼼히 열고 기웃대던 뒤태에서 황망함이 느껴진다. 그들이 돌아서 나와 마주치면 괜스레 무안해질까봐 서둘러 지나쳤다.

평창 시외버스 터미널을 아직 안 와 본 사람은 어떤 상상을 할까. 터미널 풍경은 지극히 단조롭다. 그나마 일 년 전쯤 외벽을 단장한 것이 지금의 모습이다. 5일, 10일마다 오일장이 서곤 하는 올림픽 시장 옆에 자리 잡고 있다.

정선행이 가장 많고 그다음이 원주, 서울로 가는 버스가 있고 강릉행이 하루 5번, 영월행이 3번, 춘천행이 1번으로 겨우 노선을 유지하고 있다. 터미널이라는 말보다 왠지 차부라는 단어가 생각나는 곳이다. 매표소 안에는 나이 지긋한 어르신이 표를 팔고 그 위에 붙어있는 시간표와 요금표, 그리고 몇 개의 간이 의자가 전부이다.

그 앞으로 고요한 평창강이 흐른다는 것은 다행스러운 일이다. 강변에서 바라보는 물색은 사시사철 다른 빛으로 출렁거리며 사색을 선물하기도 한다. 봄에는 축제처럼 벚꽃이 흐드러지고 가을 즈음엔 물안개 발아래 드리우는 낙엽이 제법 운치 있다. 가끔 버스를 이용하다가 보면 뜻하지 않게 웃을 일이 생길 때가 있다. 어느 날 버스에 올라 출발할 때만 바라며 시계만 쳐다보고 있었다. 그때 밖에서 잔뜩 시비 거는 말투로 한 사내가 물었다.

"거, 어디서 짐 부쳤다 카던데, 것 좀 찾으러 왔는데요."

"무슨 짐이요? 이 차엔 그런 게 없었는데?"

"거 이 차가 강릉서 온 게 아니래요?"

"이건 정선서 나오는 중입니다. 자 출발합니다."

"이런 시펄. 난 또 이 차가 그 찬 줄 알았지."

문 닫고 출발하는 버스에 대고 사내의 푸념 천연덕스럽다. 웃기지 않은 상황인데 난 자꾸 웃음이 나온다. 목이 길어 보이던 그 사내는 짐 받을 버스를 눈이 빠지게 기다렸는가 보다. 의자에 푹 내던진 나른한 피로가 이미 싹 가신, 개운함이 감돌았다.

또 한 번은 좀 늦은 밤이었다. 어느 아주머니가 기사에게 물었다.

"이 차 대화 가는 거래요?"

"거 맨날 타면서 뭘 물어?"

아저씨 대답하시는 걸 얼핏 들으면 상당히 퉁명스럽게 들리는데 또 어찌 들으면 새록새록 정감 가는 말투이다.

마을과 마을이 멀찌감치 떨어져 있고 땅과 비교해 인구밀도가 낮아서인지 자동차는 생활의 필수품이지만, 평창 터미널에는 오늘도 누군가를 만나러 가는 젊은 친구들이 있다. 바리바리 보따리 싸서 자식들 집에 가져가는 부모도 있고, 고장 난 육신을 벗 삼아 가며 병원에 다니러 가는 어르신도 있다. 갖가지 사연 중에서 버릴 만한 것은 아무것도 없을 것이다. 자주 오지 않는 차를 기다리는 승객들은 그 자체가 오밀조밀한 풍경이 된다. 참, 그리고 비밀 하나. 평창 터미널에는 연인들이 원하는 커피숍은 없어도 순댓국집은 있다는 사실이다.

스무 살 나와 해후, 그리고

무엇인가를 이루려 하기보다는 무언가를 쫓느라고 바빴다. 더 정확히 말하면 무언가가 그냥 소멸해 버리는 것을 견딜 수가 없었다. 나름 안타까워 발을 동동 구르느라 마음만 분주한 몇 달을 보냈다. 가을걷이를 마친 농부가 잠시의 여유를 행복해하듯이 오랜만에 마음을 풀썩 내려놓는 휴식을 맞는다. 이처럼 대책 없는 안심은 언제나 감미로운 법이다.

이외수의 산문집 『나는 결코 세상에 순종할 수 없다』를 읽었다. 모든 인연의 성분에 '소중함'이라는 요소는 필수이겠지만 작가 이외수는 나의 20대와 떼어놓고 생각할 수 없다. 그 무렵 접했던 그의 초창기 소설은 가뜩이나 유약한 내게 아편과도 같은 중독을 요구했다. 가난한 나는 그의 은밀한 추종자가 될 수밖에 없었다. 『꿈꾸는 식물』, 『겨울나기』, 『들개』, 『장수하늘소』, 『자객 열전』, 『칼』…. 낙원동 뒷골목 헌책방 '경춘서점'에서 구입한 까닭도 있었겠지만, 그의 책에서는 늘 비에 젖었다가 덜 마른 냄새가 났다. 손톱으로 지그시 누르면 습기가 되묻어나는 것도 같고 눅눅한 곰팡내가 나기도 했고, 글자 하나하나에는 외로움이 획으로 배어 나왔다. 작품을 읽다 보면 늘 배가 고픈 느낌이었고, 마시지도 못하는 술이 간절하기도 했다. 아무튼, 나는 그로 인해 삶을 연명하고 있었다.

그가 살던 도시에서 그의 발자취를 꿰던 나는 어느덧 중년이 되었다. 지금도 여전히 초가을과 늦여름의 분간이 어려울 즈음, 성급한 과꽃 다발을 보면 사고 싶은 욕심이 나는 것은 마찬가지지만 그때처럼 무작정 처마 밑에서 우울을 헤아리진 않는다.

내가 먹은 나이의 부피만큼 세월 저만치 앞서서 나가던 그는 인접한 고장 감성마을의 촌장이 되어 있지만, 젊은 날 그의 모습은 내 속에서 여전히 청청하다. 물론 요즘의 그의 글은 당시의 그것들과는 사뭇 다르지만 이번의 산문집을 읽으면서 예상치 않게 나의 이십 대와 해후할 수 있었다. 흘러나오던 음악, 곁에 있던 사람들, 수많은 사연과 화제들이 어제 일인 양 떠올랐다.

산문집의 내용 중 과거의 기록들을 접할 때면 더욱 그랬다. 무엇하나 건질만한 것이 없음에도 덩달아 아프기도 하고 외롭고 눈이 시기도 하고 배가 고프기도 했다. 비록 그러할지라도 무척이나 그리운 날들이라는 걸 알 수 있었다.

예전 같으면 실례가 아니던 것이 지금은 실례가 되기도 한다. '우리'라는 의식은 실종되어 있었고 '남'이라는 범위는 방대해져 있었다. 분명 남이 아니건만 폐를 끼쳐서는 안 되니 남이 되어 버린 듯하다. 허술하던 담장과 사립문이 있던 곳에 견고한 콘크리트와 비밀번호, 그것도 모자라 곳곳의 CCTV설치는 과연 무엇을 의미하는 것인가. 더 이상 굶지 않아도 되고 춥지 않아도 되는 대가로 너무 많은 단절을 떠안아야 했다. 그를 처음 알게 된 날부터 지금까지 그냥 하루하루를 살았을 뿐인데 도대체 언제부터 경계와 의심, 단속과 선 긋기가 익숙해졌던 것일까.

짧은 단락 속에 감추어진 일침은 단조롭다. 그렇기에 더욱 명쾌하다. 지성이 배제된 채 국화빵처럼 찍어대는 지식의 습득에만 열을 올리지 말라고 한다.

자연스럽게 살고 자유스럽게 사고하며 절대로 감성의 황무지에 빠져 있지 말라는 메시지는 요즘 같이 삭막한 시절에 그가 진심으로 던지는 우려의 목소리다. 가슴은 제외한 채 머리로만 계산해서 재단하는 것을 미리 예방하는 것이야말로 이 삭막한 세상에서 살 수 있는 마지막 처방이다.

덕분에 월동준비 할 수 있었던 나는 왠지 겨울을 따스하게 보낼 것 같은 예감이 든다.

양배추와 아저씨

7월 어느 날이었나 싶다. 푹푹 찌는 습한 더위에 아침부터 온몸이 축축 처지는 날이었다. 근처 마을 사는 아주머니가 오셔서 하시는 말씀이, 이따가 누가 양배추를 갖고 오면 좀 사주면 좋겠다고 하셨다. 납품하고 남는 것이라 값도 천 원밖에 안 되니 다섯 통을 갖다 주라고 하셨다면서…. 다섯 통이라야 오천 원이다. 밭에서 바로 가져오면 더욱 싱싱하기에 보존 기간도 여유가 있으니 딱히 싫다 할 것까진 없었다. 식구 수에 비하면 좀 많은 양이라는 생각도 들었지만, 한동네 사람을 위하는 아주머니의 마음 씀씀이가 돋보였던 터라 사드려야지 했다.

몸집이 다부지고 기운도 세어 보이는 양배추밭 안주인이 스쿠터를 타고 오셨다. 비료 포대 바깥으로 터져 나올 것만 같은 싱싱한 그것들을 부려 놓고 가신 지 두세 시간이나 지났을까. 요란한 경운기 소리가 잦아지나 싶었다. 일흔은 족히 넘어 보이는 아저씨가 벌컥 문을 열면서 양배추 갖고 왔다고 퉁명스레 말씀하셨다. 아주머니가 갖고 오신 걸 모르고 또 갖고 오신 것이다. 불볕더위에 지쳐서인지, 낭패감 탓인지, 구릿빛 얼굴에선 금방이라도 땀방울이 넘쳐날 기세였다.

아무리 싸다 해도 열 통까지는 너무 많은 양이다. 솔직히 안 사고 싶었다. 그냥 가져가기를 바라며, 마음속으로 거절의 구실과 명분을 궁리하느라 바빴다. 한증막처럼 찌는 날씨와 냉장고 속의 비좁은 공간을 떠올리면서 말이다.

아저씨는 물어물어 어렵게 찾아왔다며 이를 어쩌냐고 난감해하셨으나 어차피 그건 두 번째였다. 스치는 실바람에 훅 끼치는 땀 냄새가 도저히 거절을 못 하게끔 하였다. 말라비틀어진 쉰내라고나 할까. 쉰내가 나다 못해 숙성되고 발효를 거쳐 증발을 거듭하였음이 짐작되는 냄새였다. 새벽부터 밭에 나가 흘렸다가 말렸다가를 반복해 고농도로 압축된 그 희한한 냄새는 내가 여태까지 맡은 땀 냄새 중에서는 단연 별스러웠다. 도로 가져가기도 그렇고, 미안하기도 하셨는지 한 통은 그냥 먹으라고 주시는 걸 값을 치러 드렸다. 삶아서 쌈도 싸 먹고, 볶아도 먹고, 썰어서 맨입에도 먹고, 그래도 남으면 갈아서라도 마시면 될 일이다. 여태껏 양배추를 과잉섭취해서 문제가 됐다는 말은 들어본 적 없으니 말이다.

그래 먹자. 먹어 보는 거야. 검게 그을린 그분 얼굴 중심에 도랑처럼 깊게도 팬 주름살과 야윈 체구, 가만히 있어도 어질어질한 더위 탓이었을까. 목이라도 축이셔야 할 것 같았다. 시원한 거라도 드시라고 했더니 처음엔 괜찮다며 사양하시다, 음료수 뚜껑을 따는 걸 보신 후에야 마지못해 들어오셨다.

어쩐지 나로서는 친정아버지를 떠올리며 바깥을 내다보는 순간, 가슴이 탁 막혀 이내 먹먹해졌다. 출입문 밖에 벗어 놓은 그의 너덜너덜해진 신발이 너무도 처연하게 보였기 때문이다. 흙투성이 발자국이 염려되었던 걸까? 투박하신 데다 순박하신 그분은 보도블록 위에 흙 묻은 작업 신발을 벗고 들어와 계셨다.

그날을 생각하면 아직도 뭔지 모르게 짠하다. 애지중지 키운 농산물을 한 통이라도 주인을 찾아주고 싶으셨던 어른의 모습이야말로 오늘날 우리 농촌의 모습이지 싶어 더욱 가슴이 아팠다. 아무튼, 나는 그날 이후 한동안은 신물 나도록 양배추 쌈을 먹어야 했다. 지금도 경운기 소리만 들리면 그날 아저씨의 얼굴이 떠오르곤 한다.

나의 2015년

하루밖에 남지 않았다. 2015년은 작년이 되어버릴 것이며 다른 해들과 마찬가지로 흘러간 과거로 남을 것이다. 바삐 돌아가는 세상사는 엄청난 새 소식들을 경쟁하듯 떠안길 것이다. 어쩌면 가버린 날들은 되도록 빨리 잊어버리라고 다그쳐댈지도 모른다.

나에게 올해는 매우 특별한 한 해였기에 여러 가지로 기억해야 할 무렵이 될 것이다. 남은 인생이 도대체 어디까지일지는 모르지만, 살아온 날 중에서 정말 오랜만에 오롯이 '나'만을 위해서 스스로 노력한 해였다.

내가 하고 싶었던 것, 잊고 있었던 것, 포기했던 줄도 모르고 놓쳐버렸던 것을 찾을 수 있었다. 모두 훌훌 털어버린 줄로만 알았다. 애당초 내 것이 아니었던 양 어느새 잊고 있었는데 그게 아니었다. 저만치 앞만 보고 가다가 문득 돌아보았을 때였다. 난지도처럼 사방팔방 뒤죽박죽인 곳에서도 켜켜이 쌓인 먼지 냄새를 견디며 내 눈길을 기다리고 있었다. 엉망진창인 깊숙한 곳에서 골동품처럼 먼지를 뒤집어쓴 채 잘도 버티고 있었다. 주인에게조차 돌봄을 받지 못한 채 세월이라는 더께까지 뒤집어쓰고 있어서인지, 퇴물 같으면서도 선명히 드러나는 윤곽은 혼자 보기에도 민망하고 을씨년스러울 지경이었다. 정신을 가다듬고 그 고물과도 같은 것들을 어루만져 보았다. 거짓말처럼 온기가 남아 있었다. 미지근한 기운이 식어버리기 전에 누가 볼세라 슬그머니 힘을 주어 안았다. 두 번 다시 놓치고 싶지 않았다.

과거의 어떤 기간보다도 집중했었고 주어진 시간을 아꼈다. 거의 완벽에 가까운 순도로 나를 인정했고 받아들였으며, 처음으로 가족 아닌 나 자신을 응원하기도 했다. 약간의 가책을 느낀 적도 있었지만, 미리 나의 생각을 이야기하면서 이해를 구할 수 있었다. 오히려 나태한 내 모습을 보이지 않으려다 보니 더욱 작심삼일이 안 되도록 노력해야 했다. 더할 나위 없이 감사한 시간이었고 어느 때보다 과분한 나날이었다. 어찌하여 좀 더 일찌감치 하지 못했던가, 여태까지 뭐하냐고 새까맣게 잊고 있었나, 왜 늘 포기하기에 앞서 핑계라는 안전장치를 미리 만들어

놓았었나 하는 생각을 안 한 것도 아니다. 인제 와서 어떤 변명도 하지 않으려 한다. 확실히 말할 수 있는 것은 나도 늘 최악을 모의하진 않았다는 것뿐이다. 그때그때 늘 합리적이라고 믿었던 선택을 했을 것이고, 나 역시 열심히 하루하루를 살았던 시간이었다. 당시엔 그게 최상의 선택이었을 수도 있다.

삶에서 멀리 떠내려간 것들을 다시 찾을 수 있었던 2015년은 여러 가지로 뜻 깊은 해였다. 잊힌다는 것은 시간의 흐름에 따른 지극히 당연한 현상일지도 모른다. 아니, 어느 정도는 잊어야만 살아갈 수 있지 않겠는가. 모든 것을 일일이 다 기억하려 한다면 긍정적인 면보다는 부작용이 더 많을 것이다.

다른 건 다 잊을지라도 자신이 꼭 해보고 싶었던 일이나 하고 싶은 무언가는 잊지 못할 것이다. 더 늦기 전에, 바로 지금 밀어두었던 그것을 시작해보라고 말하고 싶다.

초침은 계속해서 늘 한결같은 속도로 흐르고 있다. 그 정확한 흐름을 굳이 구분 짓기 위함인가. 몇 시간 후면 굳이 '새해'라는 단어가 세수를 마친 푸른 얼굴로 나를 찾아올 것이다. 여전히 별다르지 않은 나의 모습이겠지만 그래도 따스한 손길로 맞이하련다.

아버지가 부러워진다

아버지께서 활기 있고 젊다고 느꼈을 때는 언제가 마지막이었을까.

여름날 그 강변에선 아저씨들의 천렵이 한창이었다. 승극이네 아빠, 향자네 아빠, 성만이네 아빠랑 곰이 아저씨도 끼어 있었다. 내 체구가 작아서인지 몰라도 장정들이 꽤 여러 명으로 꽤나 번잡했던 것도 같다.

아무튼 무쇠솥을 걸긴 걸었지만 변변한 육고기 냄새는 나지 않았고, 그렇다고 누렁이라도 그슬리는 냄새도 없었다. 당시 내 후각으로는 얼룩박이 울타리 호박이랑 풋고추를 숭덩숭덩 잘라 넣고 고추장을 풀어 끓인 찌개와 청정한 강변 공기에 퍼지던 시어빠진 김치 내음이 있었다. 짐작하건대 어쩌면 그 솥 안의 먹을거리는 젊은 아빠들이 바쁜 농번기를 마치고, 번들번들한 땀을 식혀가며 족대를 쑤석여 건진 피라미 매운탕이었는지도 모른다.

나는 학교를 파하고 집으로 오는 길에 일상을 벗어난 아빠들의 완벽한 자유로움을 볼 수 있었다. 누구의 아버지도 누구의 삼촌도 아닌 그냥 젊은 분들의 해맑고 건강한 풍류를 약간의 생소함을 곱씹어가며 바라보았다. 파르스름한 줄무늬의 비닐 멍석 위에선 조각 같은 어깨들이 부딪칠 듯 부딪칠 듯 과하게 들썩거렸다. 그들이 부르는 노래는 은근히 우렁차기도 해서 "우울려고 내가 와아았떠언가아아~~, 웃으려고 왔던가~ 비이리인내 나는 부두우웃 가에~" 하는 노랫말이 앞산 튼튼한 바위까지 날아갔다가는 다시 미루나무 아랫도리께로 메아리쳐 오곤 했다.

이 노래의 클라이맥스인 "꼬오 옷 신을 신던 그나아알 밤~" 하는 대목에선 한층 취기가 오르는지 흥이 곱으로 돋워지는 것 같았다. 거추장스러운 바지를 걷어 올려 드러난 검붉은 장딴지는 검지로 꾹 찔러도 들어가지 않을 만큼 탄탄해 보였다. 그때 모습이 내가 기억하는 젊은 혈기 지닌 아버지의 마지막 잔상이기도 하다.

그 딴딴한 장딴지가 그 야무진 근력이 영원할 줄로 알았다.

지난주였다. 아버지가 태어나신 지 칠십 년 되는 날이 심판처럼 다가왔다. 생각해보니 아빠로 불리던 시절만큼은 아빠가 마냥 좋았다. 엄마보단 야단의 횟수가 뜸했었고, 엄마보단 비교적 공평했다. '아부지'로 불리면서 내가 본 아빠는 어릴 때와는 많이 달라져 있었다. 우리는 태어난 순서대로 질풍노도의 시기를 넘나들었다. 하루에도 몇 번이나 좌충우돌하며 조용한 날이 드물 적에도 아버진 도덕 교과서처럼 멀게만 느껴졌다. 아버지 등허리에 예전처럼 업힐 수도 없었고, 아버지도 그전처럼 너른 등을 내어주지 못했다.

엄마에 대한 고마움을 표현하는 걸 못 봤고 오 남매 누구에게도 살갑지가 않으셨다. 나는 솔직히 따스한 말 많이 하고 엄마를 많이 사랑해주는, 무엇보다 약주를 안 드시는 그런 드라마 속의 아빠가 부러워 미칠 지경이었다. 아주 오래전에 보았던 '아버지처럼 살기 싫었어'라는 드라마 제목을 아버지 모르게 참 많이도 떠올렸다. 지금 생각하면 그 시절 내 모습은 채 익지도 않은 열매를 먼저 따고 싶은 조바심에 쫓기다 가슴 한복판을 송두리째 내주고 말았던, 참으로 남루하기만 했던 시절이었다. 그런 나를 묵묵히 바라보고 기다려준 사람도 아버지였다. 마른 등걸 같은 거친 손을 차마 내밀진 못하시고 묵묵히 속으로만 감추셨다. 대놓고 살갑지가 않으셨기에 자식 좋은 일에 터무니없는 흥분으로 음성이 높아지시고, 그 자식이 힘들어할 땐 내색

하지 않으시고 속으로만 어루만지셨다. 누가 볼까 그래선지 속으로만 응원하셨다.

아주 눈에 띄게 넘실넘실 흘러간 게 아니었다. 쉬지 않고 조잘대며 깊지도 않은 게 고여지지도 않을 만치, 느릿느릿하다가도 조금은 급한 듯 그 누구도 기다려주지 않고 세월이란 놈은 참으로 얄밉게 흐르고 있었다.

청년이었던 아버지도 열여덟 처녀를 만나 결혼을 했고, 다섯 남매를 낳았고, 심줄 튀어나오도록 맨주먹으로 정신없이 살다 보니 드라마 속 아빠들처럼 살지 못했다. 그런 아버지께서 스물네 명으로 늘어난 가족사진 속에서 슬프도록 환하게 웃으셨다. 아, 더 일찍 좀 웃으시지, 아부지 더 젊으시고 우리들 더 어렸을 때 좀 더 많이 웃어주시지, 아프지 않고 건강하실 때 더 많이 웃으시지.

시간이란 걸 살 수만 있다면 아버지께 선물해드리고 싶었다. 고됨과 회한으로 얼룩졌던 아버지의 시간이 억울하고 아깝기만 해서, 봄 햇살같이 투명한 새로운 시간을 하나 가득 바치고 싶었다. 이상한 건 아버지처럼 살기 싫었는데, 무슨 조화 속인지 아버지가 은근히 부러워졌다. 온 가족이 변함없이 그를 사랑하고 아낀다는 게 자꾸 부러워졌다.

빗속의 손님

내내 가물다가는 본격적으로 장마가 드세질 무렵이었다. 퇴근하여 저녁을 먹고 나서도 한참이나 지나서였다. 문밖에서 둔탁한 소리가 나는가 싶더니, 급기야 문을 쾅쾅 두들겼다.

밖에는 쏟아붓듯 폭우가 쏟아지고 있었다. 이런 날 이런 시간에 찾아올 사람이 생각나지 않았다. 어둠과 천둥 번개를 동반한 빗줄기의 아우성 탓인지 이내 마음속은 예고에 없던 흙탕물을 뒤집어쓰고야 말았다. 왠지 모르게 불안해지는 날씨였다. 조심히 문을 열어보았다. 비에 젖은 머리칼이 이마에 딱 달라붙은 한 남자가 서 있었다. 신고 있는 신발에선 빗물이 줄줄 흘러나왔다.

최 아무개 씨 댁이 맞냐고 대뜸 물었다. 뭔지는 모르지만 어지간히 무거운 짐인 듯 상자를 바닥에 힘겹게 내려놓으며 숨을 몰아쉬는 게 보였다. 그런 사람은 없다는 대답을 하기가 미안하리만치 그의 얼굴엔 허탈감이 먹구름처럼 급조되었다.

그때였다. 그의 등줄기를 스쳐 엘리베이터를 타려던 아주머니가 말씀하시길, 아무개라면 그 전에 살던 사람인데 소방서 근처 어디께로 이사를 했다는 것이다.

이사 간 지 오래된 그 최 모 씨에게는 어찌 된 사연으로 예전 주소로 택배가 온 건지, 어찌하여 미리 전화 연락이 없었던 건지 알 수 없지만, 온몸이 물에 붇고 입술이 시퍼렇던 기사님이 너무 처량해 보였다. 시계를 보니 밤 아홉 시 반이었다. 집에 가만있어도 무서운 악천후에 이 시간까지 물건 배달이라니.

5,000원 안팎의 요금으로, 오늘 낮에 강원도 밭고랑에서 수확한 감자를 내일이면 서울서도 부산에서도 받을 수 있다. 그것도 내가 필요하다고 내가 찾으러 가는 것이 아니라 내 집 현관 안에서 말이다.

택배사의 수익구조가 어떻든, 기사들은 그냥 생활인일 뿐이다. 비가 오나 눈이 오나, 길이 막히든 안 막히든, 불볕더위이든 혹한이든 주어진 물건을 배송하고 거둬들이느라 시간을 쪼개다 보면 점심은 꿈도 못 꾼 채 이동하는 착실한 가장인 것이다.

오늘 뉴스를 보다가 세상이 자기를 중심으로 돌아야만 직성이 풀리는 한 남자를 보았다. 하루 몇 백 건의 물건을 배달하느라 시간에 쫓기던 어떤 택배 기사가 주소지의 수취인이 문을 열어주지 않자 기재된 연락처로 전화를 걸었다. 회사에 있던 고객은 자기 부인이 아마도 낮잠을 자는 듯싶으니 창문을 열어서 깨우라는 말이었고 기사는 차마 그렇게 할 용기도 없었다. 시간에 쫓기는 나머지 문 앞에 놓고 가겠다고 하니 잃어버리면 당신이 책임질 거냐고 추궁했다. 급한 마음에 그러면 현관의 비밀번호를 알려달라고 애걸해야만 했으나, 그 말은 오히려 약점이 되어 발목이 잡히고 말았다.

그 와중에 물건 시킨 당사자는 여유 있게 통화내용을 녹음했고 그 내용을 자랑삼아 유포했다. 반말을 섞어가며 택배의 불친절을 꼬집었다. 자기 입장만 아는 이기심의 잣대로 싹둑싹둑 남의 자존심을 함부로 오려가며 유능한 재단사 흉내를 내고 있었다. 물건을 안전히 당사자의 손에 배달하려 하지 않고 문 앞에 놓고 가겠다는 말과 비밀번호를 알려주면 분실의 염려 없이 현관 안에 두겠다는 말을 물고 늘어지고 있었다. 자기가 품고 있고, 뿜어대던 '화'를 공감하고자 하는 의도로 보였다. 마치 죽을 죄를 저지른 사람 대하듯 추궁해가며 어떠한 목적에선지 모르게 녹음된 통화내용이랑, 아무리 문을 두드려도 주무시던 사모님은 안 그래도 시간에 허덕이던 그에겐 얼마나 기운 빠지는 일이었을까.

택배를 받으며 갑의 처지가 되려던 그는 녹음된 내용을 인터넷에 올리겠다고 통보하고 있었다. 그 녹음 파일이 고스란히 방송을 타고 있었다. 한순간 죄인 아닌 죄인으로 힘없이 "예."라고 하던 그분 목소리는 들릴 듯 말 듯 젖어 있었다. 얼마 전 비 오는 밤 우리 집에 오셨다가 허탕 치신 분의 모습이 목소리 위로 겹쳐지는 건 왜일까.

요즘 같은 시대에 택배가 없다면 어찌 될 것인가. 소비의 회전은 동맥경화처럼 막혀 군데군데 위급한 고비를 만들고 말 것이다. 온 나라의 경제가 고장 난 시계처럼 멈춰버릴 게 뻔하다. 모르긴 몰라도 물건을 배달하는 사람보다는 이용하던 사람들이 더 아쉬운 신세가 되지 않을까. 조금만 더 그분들의 수고를 생각해 보았으면 한다. 솔직히 엄청나게 편하게 받는 것을 부인할 수는 없지 않은가.

5.

세상 보는 다른 방법

연암을 만나다

아리랑의 고장, 유배지, 탄광지대 정도로 알던 정선과 이웃해 사는 중이다.

그곳을 지날 때면 나도 모르게 몇 세기 훌쩍 거슬러 오르게 된다. 당시에는 어떤 모습이었을까. 어째서 이곳을 택했을까. 양반전을 떠올리게 되면 그 배경이 하필이면 이곳이었던 까닭이 궁금하기만 했고 의문은 날이 갈수록 더해가고 있었다.

지명만 들어도 선해질 것 같은 정선은 관광객이 일부러 찾아와 머물다 가는 여행지로 유명해진 지 오래다. 강릉 평창 영월 태백 삼척 동해와 인접하지만 산세와 기암만 보아도 대번에 알 수 있듯이 그 선경이 매우 독특하고 빼어나다. 다듬지 않은 그대로의 정기가 사뭇 역동적이다. 매일이 그날 같은 사람이 혹시 있다면 날 잡아 정선 곳곳을 돌아보기를 권한다. 봄 여름 가을 겨울의 경관이 척박하면서 절박하다. 가파르면서 안타깝다. 애잔하면서도 아름다우니 지나칠 때마다 매번 다음을 기다리게 되는 곳이다.

산굽이 돌고 돌아도 넘어야 할 고개 있고 그 너머에도 약속처럼 길은 이어진다. 정겨운 이정표를 만날 때면 나는 그걸 되뇌는 즐거움에 빠지곤 한다. 평창에서 미탄을 넘어가다 보면 메가 둥그스름하다는 멧둔재를 만난다. 과거에는 미탄치라고 불리었으며 그 아래로 '재 밑 마을'이라는 다정한 이름의 촌락이 자리한다. 평창과 정선을 구분 짓는 경계가 비행기재인데 예전엔 대마가 어찌나 잘되었는지 마전치라고 불렀다고 한다. 하늘 아래 치솟은 험준함을 빗대어 차라리 '비행기재'라는 이름을 붙이진 않았을까? 구부러진 허리 세우고 먼데 바라던 눈길이 느껴지는 것도 같다. 솔향기 촘촘히 우거진 대신 그에 걸맞은 굴곡을 이겨야 하는 솔치재를 넘다 보면 '아리랑 고개 고개로 나를 넘겨주게.'라는 구절이 저절로 생각난다. 천년만년 쌓인 회한이 새소리 어딘가에 섞인 듯도 하건만, 동계 올림픽 앞세워 새길이 개통되면 아마도 솔치재 옛길쯤으로 남지 않을까 싶다. 까칠재라는 이정표가 보이면서 웃지 않고는 배길 수 없다. 여기 살던 옛사람들, 먼 먼 후세에 나 같은 사람 지날 줄 알았던 걸까. 어감이 주는 익살에 오늘도 정선 공기 들이켠 심장은 거침없이 후련하다. 미소를 미처 지우기도 전에 나타나는 엇재길에서 잘은 모르지만 수백 년 전 사연이 떠오르려고 한다. 어찌하여 엇재라고 불렸을까? 상상은 언제나 자유이다. 특히나 나에겐 아무도 못 말리는 즐거움이다. '엇'자가 예사롭지 않다. 서로 약속했던 길이 어긋났던 것일까. 아니면 무엇이 엇나갔기에 이토록 아쉬운 지명을 남긴 것일까. 지금도 험하기만 한, 오지 중의 오지였을 당시의 고갯길을 어떻게 넘었으려나. 상상은 점점 커지더니 어느새 나는 그 시절 누군가 되어 쇄재로 접어들었다. 아마도 올해는 풍년이 들려는가. 이팝나무꽃 군데군데 소복하게도 피었다.

쇄재가 끝나는 동안에도 머릿속에는 양반전이 자리했다. 여러 번 지나며 산과 들 강의 모습을 담아 두기 바빴는데 오늘은 진즉부터 두리번두리번 논배미를 찾아보던 참이다. 아무리 둘러보아도 보이지 않았다. 산이 밭이요, 곧 길이었으며, 산은 말 그대로 산이기도 했다. 온 천지에 초록이 돋아 펄럭였지만 나무를 캐내고 개간한 곳에는 곤드레, 취나물 등이 삐죽 자라있고 그 옆으론 산채 식당들만 더러 있었다. 애초부터 험한 산세, 암석으로 이뤄진 데다 땅 밑으로는 지하자원이 풍부했던 곳이다. 강이야 흐른다지만 평야 지대는 찾을 수 없다. 좁고도 깊은 산비

탈을 벗 삼으며 하늘에 의지해야 하는 논농사는 엄두가 나지 않았을 것이다.

천 석이나 되던 빚을 갚아주고라도 양반을 사려던 이 마을 부자에게 새삼스레 호기심이 생긴다. 이토록 논 구경하기 힘든 데, 조선 후기에 아무리 농업기술 발달에 힘은 썼다고 해도 정선과는 다소 거리가 있었을 거란 생각이다. 이 고장 쌀의 가치는 다른 곳과 비할 바가 아니었을 것이다. 무너져 내리는 양반의 허식과 체면을 하필이면 정선을 배경으로 드러낸 이유는 지리적 상황과 무관하지 않을 거란 추측이다. 이런 곳에서 대책 없이 환곡을 내어 먹고는 갚지 못하는 양반의 무능함과 그걸 갚을 능력이 되는 천민이라니 얼마나 신랄하고도 극명한 풍자이며 대비였는가.

그토록 동경하던 양반의 실체를 알고 "나를 도둑으로 만들 셈이냐?"며 줄행랑을 놓던 천부의 말이 돋보이는 요즘이다. 정선을 지날 때마다 나는 연암을 만나곤 한다. 아울러 문학이 지닌 생명력과 가치를 거듭 절감하게 된다. 시대를 뛰어넘어 작자의 의도를 헤아리고 작품 속 무대와 인물을 상상하는 일은 즐거운 고민이다. 이래저래 이웃 마을 이곳저곳이 정겹기만 한 이유이다.

하일리 이야기 · 1

하일리로 가는 길은 가파른 곡선이었다. 수십 겹 둘러싸인 산과 수줍은 공기와 수정처럼 맑지만 나름 의젓한 계곡이 있다. 2년 전 우연히 들렀던 그곳은 기대 이상으로 깨끗했고 아늑했다. 더도 덜도 아닌 딱 알맞게 좋았기에 예정도 없이 내 맘 어딘가에 자리 잡았다. 무엇보다 사람들이 많지 않다는 것은 더위에 쫓겨 내빼다시피 한 처지에서는 행운에 가깝다.

나는 하일리를 좋아한다. 그 이유 중에는 하일리 어르신이 계시는 탓도 있다. 처음 만난 그날 지도가 가르쳐 주는 산속 길을 따라가다 그 끄트머리에서 마지막인 듯싶은 인가를 만났고, 아무런 준비도 없이 조금은 서먹서먹하게 어르신을 뵈었다. 산중에 널따라니 터를 잡아 황토로 집을 짓고 홀로 사신다. 산비탈이었던 밭을 혼자 일구고 돌을 고르며 다져 내셨다니 벌어진 입은 닫힐 줄을 모른다.

처음엔 지나치게 깊은 산 속 예사롭지 않은 집과 주변 조각들 사냥개들 때문인지 조금은 까칠하신 분으로 보이기도 했다. 사람이 싫어져서 산속으로 오게 되었고 사냥을 즐기다 보니 생각만큼 적적하지만은 않다는 말씀을 분명히 들었는데, 사실은 사람을 참 좋아하신다. 아니 지금은 사람들이 참 좋아졌는가 보다.

우연히 알게 된 처지에 염치없게도 땀 흘려 가꾼 늦옥수수까지 얻어먹었다. 가을을 거의 보냈을 무렵, 읍내 택배사무실이 토요일도 문을 여느냐고 전화를 하셨다. 차고를 짓다 떨어졌는데 입원하기 전에 급한 택배를 부쳐야 해서 나오신다는 기별이었다. 너무 골짜기라 택배 이용이 제대로 이뤄지지 않는다는 얘길 들은 적이 있었다. 몸이 그러시니 댁에 계시면 그 문제의 택배를 가져다 부쳐드리마고 말씀드렸다.

뼈를 다치신 채로 김장 지휘를 하고 계셨다. 식구들 모두 김치통을 들려 보낸 다음 집안 단속에, 여러 마리 견공의 끼니까지 부탁해 놓은 후에야 입원하셨다. 일찍 가지도 못하고 성탄절을 핑계로 원주 병원을 찾아가니 깜짝 놀라시며 반가워하셨다. 뭔가 근사한 것을 대접하고 싶었지만 추어탕 잘하는 집으로 앞장서셨다. 너른 산속을 맘대로 누비시다가 병실에 계시는 체구가 그렇게 작아 보일 수가 없었다.

해가 바뀌고 대보름도 지나 가끔 나는 안부 전화에서 매일 물리치료 받고 계시다고 했는데, 봄기운 무르익던 토요일 밤 뜬금없이 우리 부부에게 내일 회를 사고 싶다고 하셨다. 당연히 우리 차로 가는 줄 알았는데 한사코 싫다 하시더니 그 이유를 알기까지는 오랜 시간이 걸리지도 않았다.

강릉으로 간다는 길이 내겐 참 생소하다. 영동고속도로를 향하는 게 아니라 굽이굽이 정선 아우라지, 여량, 구절리…. 구름이 길 위로 태연히 걸어 다니는 강릉 안반데기에 와본 적 있냐며, 차창 밖 절경에 대해서 1일 가이드가 되어 설명을 해주신다. 생전 처음 와보는 하늘 속 비포장도로 옆으로 구름도 버거운지 겨우겨우 숨을 내뿜고 있었다. 무쏘 뒷좌석에 타고 가는 승차감은 긴장감 만점이었다. 믿어지지 않는 고도를 넘어 찾아갔던 '염전 횟집'에서 회 한 접시와 회덮밥을 비우고 나오니 저녁 어스름은 어느새 발밑까지 내려와 있었다.

온 길이 굽이굽이니 갈 길 또한 구만리인데 여기까지 왔으니 벚꽃구경은 하고 가야 한다며, 구불구불한 길만 찾아내 경포에 이르신다. 어르신 역시 꽃 보는 걸 좋아하시고 봄밤에 잘 취하시고 커피 향기에 잘 빠지시나 보다. 밤 깊어 맘은 급한데 올 때 역시 쉬운 길 아닌 '대관령 옛길'이다. 몽롱한 밤안개를 가르며 돌아오는 길은 멀고도 험했지만, 처음 차를 탔을 때의 울렁거림과는 다르게 어르신의 애마가 믿음직스러웠다. 하루 종일 정이 많이 들었나 보다. 우리를 내려 주시고 하시는 말씀이 여운처럼 귓전에 남았다.

"너무너무 고맙고 덕분에 난 오늘 많이 유쾌했어!"

연세도 있고 운전도 피곤하실 텐데 편한 길로 다니시지 어디를 가셔도 고속도로는 지루해 싫으시다니 암튼 대단하시다. 어제는 사람이 싫어서 산으로 오셨다는 분께서 전화를 주셨다. 사연인즉 당장에라도 와서 오디를 주워 가라는 말씀이셨다. 갑자기라 당황스러워 내일 가면 안 되냐고, 내일 일찍 가겠다고 하니 밤에 비 예보가 있다며 비 오기 전에 주워야 한다고 오히려 안달이시다. 같이 있던 지인과 부랴부랴 가서 순식간에 큰 주전자와 작은 아이스박스로 하나 가득 주웠다

아무것도 모르고 작은 반찬 통 하나만 갖고 갔다가 '그렇게 조금이면 내가 전화를 했겠느냐?'고 핀잔만 받았다. 내 예상과는 다르게 뽕나무가 밭으로 있었고 아래엔 얇은 망이 깔려 있어서 그 위에 떨어진 오디를 줍는 것이다. 또 혼이라도 날까봐 청소하듯 말끔히 줍고 망가진 것은 가장자리로 내던졌다.

어린 시절 동생이랑 뽕나무 위에 걸터앉아 오디를 탐하다가 엄마가 장에 가서 큰맘 먹고 사준 치마가 순식간에 걸리면서

찢어졌던 기억이 난다. 그 아쉬움은 꽤나 컸던 모양인지 지금까지도 그 장면이 생생하다.

아저씨는 무짠지를 가져가라며 배불뚝이 오지항아리 속을 맨손으로 휘저으신다. 아무리 봐도 내가 보기엔 사람을 엄청 좋아하시는 분이시다. 생각했던 대로 짠지는 엄청나게 짰다. 산골에서 겨울부터 초여름까지 두고 먹으려면 소금을 많이 뿌려야만 하니까. 왠지 아저씨 마음도 쉽게 맛 변하지 않는 짠지 같을 거란 생각이 들었다.

하일리 이야기 · 2

지난번에 하도 잘 얻어먹은 탓에 염전 횟집에 다시 다녀오고 싶었다.

본격적인 휴가철이 되면 더욱 바빠질까 봐 그 전에 아저씨 모시고 한번 다녀오려던 계획은 이번에 이루어지지 않았다. 아저씨 댁에 일요일엔 손님이 오시기로 했다고 하셨다. 나는 사실 강릉 안반데기에 다시 한 번 지나보고 싶었다. 지난번 그곳을 지날 때에는 안개인지 구름인지 너무 자욱했던 탓에 신비한 조마조마함은 질릴 만큼 느꼈지만 그 주변 풍경을 뚜렷하게 볼 수는 없었기에 몹시 아쉬웠던 참이다. 그리고 염전 횟집에서 맛본 회덮밥이 은근히 먹고 싶기도 한 참이었는데, 아쉽게도 그 코스는 다음 기회로 남겨두어야 할 것 같다.

이것저것 키우고 기르는 것도 많아 눈코 뜰 새 없이 바쁘신 탓도 있겠지만 여름 한 철은 조용하면서도 시원한 곳을 찾는 손님들로 한동안은 적적할 새가 없으시기도 하다. 언제 또 같이 구불구불 고갯길 넘어갈 기회가 오리라 하는 마음에 아쉬움은 반으로 접어야 했다. 어느 날 문득 이뤄지는 만남은 의외의 기쁨을 주기 마련이니까.

먼젓번 오디를 따러 갔을 적에 보리수가 익으면 따러 오라는 말씀을 하시긴 했었지만, 흘려들었던 참이었는데 왜 안 따러 오냐고 내일 와서 왕보리수나 다 따가라는 말씀이시다. 늘 건망증이 심한 나는 지난번 오디 따러 갔다가 사실은 모자를 어르신네 마루 위엔지 댓돌 위엔지 두고 왔었다. 새까맣게 잊고 있다가 며칠이 지난 후에 알았지만 그거 찾으러 다시 가기도 뭐하고 새로 하나 장만해서 쓰던 참이었다.

겸사겸사 하일리로 출발했다. 점심엔 야유회가 있던 탓에 아침을 먹자마자 갔었고 몇 시에 간다고도 말씀을 안 드렸더니 문을 잠가놓고 빈집이셨다. 마당가에 있는 나무엔 푸른 비단 위에 홍보석 바구니를 쏟아 부은 듯 보리수가 많이도 열려있었지만 그 작은 열매들을 따는 것은 은근히 끈기를 요하는 일이기도 했다.

얼마 안 있어 차 소리가 나고 아저씨가 돌아오셨다. 더욱 반가운 모습이시다. 낮은 곳은 따지 말고 저 높은데 많이 달린 거 따라시며 작대기로 가지를 당겨 주신다. 사실 보리수가 너무 많아서 밑의 것만 따도 엄청난 양이다. 따면서 먹으면서 플라스틱 통을 채워나갔다. 남김없이 다 따라 하셨지만, 시간도 없을뿐더러 아저씨를 뵈러 온 것이지 사실 보리수가 꼭 필요해서 온 것도 아니었다. 시큼하면서도 달달하기도 하고 조금 떫은맛의 그 열매는 먹는 맛보다는 보는 멋이 더 좋다.

세상을 살다가 보면 별거 아닌 건데도 나는 모르는 것이 참 많다. 그래서 사람은 끝없이 상대에게서 배울 것을 찾는 건지도 모른다. 떫어하는 내게 아저씨는 중요한 걸 가르쳐 주셨다.

"그렇게 하나하나 먹음 떫어. 이렇게 여남은 개를 한입에 털어 넣고 확 뱉어 봐! 그럼 더 먹을 만해. 맛있다구."

과연 한입에 여러 알갱이를 넣고 우물거리니 훨씬 떫은 맛이 줄어들고 그것도 과육이라고 시금 달달한 것이 제법 먹을 만했다. 몇 주먹을 입에 넣고 우물거렸다. 이 귀한 열매를 이토록 실컷 따 먹다니…. 내 생애 이렇듯 보리수를 소비해 보는 것도 처음이다. 마당가에 복분자도 익었다며 따먹으라 하시며 점심을 먹고 가라셨다.

약속만 아니면 풋고추 따고 오이 썰어서 같이 밥 먹고 와도 좋으련만 우린 일행들과 약속이 있어서 다음을 기약했다. 아저씨가 아쉬워하면서 하신 말씀이 자꾸 귓전에 맴돈다. 오늘 오면 같이 밥이라도 먹고 가라고 어제 나가서 고등어 한 손 사다 놓으셨다는 말씀이 탁 걸렸다. 정말이지 선약만 없었다면 즐거운 만찬이 되었을 것이다.

참으로 맘이 편해지면서 내려오는 길, 어디선가 들어본 듯한 새소리가 조용한 산골을 휘젓듯 노래하고 있었다.

고등어가 이르길

옛날 우리 조상님들도 오늘날처럼 살다 가셨을까.

늘 거기에 있었음에도, 우리가 없었으면 어쨌을까 혀를 내차면서도 대접 한 번 받지 못하는 그런 존재였다. 가장 많은 쓰임을 당하면서도 인사 한 번 제대로 받았단 말 듣지 못했다. 그거야 뭐 팔자라면 팔자인 걸, 새삼스럽게 서운할 일도 아니다.

우리를 찬거리로 드시던 그중의 누구처럼 호시탐탐 남을 누르고 지위의 향상을 꾀하려 하진 않았다. 제사상에 오르는 콧대 높은 어족들처럼 귀한 대접일랑은 꿈도 꾸어본 적 없었으니까. 그렇다고 요 모양으로 오동통한 몸값 한 번 올리겠다고 내 자랑을 과하게 부풀리지도, 일단 한번 취해보라고 굽신거리지도 않았다.

생각해보니 아쉬운 편은 언제나 사람들 아니었던가.

그 옛날 내륙의 비린 맛을 감당하기 위해 팔도를 누볐다. 삭신이 오그라들도록 짜디짠 소금버캐를 허옇게 뒤집어써야만 했다. 냄새난다며 멀찌감치 피하다가도, 밥도둑이라고 입맛 다셔대며 장(場)마다 우릴 기다린 쪽은 언제나 그편이었다. 남부끄러운 속살까지 헤집어 발려 남편이랑 자식 수저에 번갈아 올려주던 전설의 여인네들. 참으로 그럴듯한 풍경이었다. 김 오르는 밥 한술에 짭조름한 우리 살점을 꼭꼭 씹어 삼키며 기꺼이 뱃속까지 흡족해하지 않았던가.

사람들이 '김창완'이라는 가수를 좋아하는 이유를 알 것만 같다. "한밤중에 목이 말라 냉장고를 열어 보니~ 나는 내일 아침에는 고등어구일 먹을 수 있네." 비록 고등어일망정 나도 그가 이토록 친근하니 말이다. 여전히 순수하고 열정적이며 눈빛이 따스한 사람이다. 어머니를 그리워하는 마음 한편에 우리를 구워주시던 모습이 담겨있다. 살아가면서 부딪히는 말 못할 벽 앞에, 때론 익숙한 밥상으로도 숨 쉴 수 있는 틈을 갖는가 보다.

아, 구설수도 시대의 흐름을 타는 건 그렇다지만, 어찌 이리 얄궂은 것일까?

오랫동안 사랑받으리라 착각했던 건 내 탓만도 아니다. 원래부터 지니고 있는 영양소를 떠벌린 것도 저쪽이었다. 어느 날부터 고등어라는 내 이름 앞에 '등 푸른 생선'이라는 푸르딩딩한 수식어가 따라붙었다. 오메가3, 불포화지방산이 많다느니, DHA가 풍부해 두뇌에 좋은 최고의 생선이라는 낯간지러운 말도 저쪽에서 퍼뜨린 일방적인 주장이었다. 여태 서민 생선이니 국민 생선이니 하던 내 가치는 요란한 수식만큼 대우하지도 않았으면서 말이다. 아무려면 어쩌랴. 이 어려운 시대에 만만한 가격으로 괜찮은 영양소를 챙겨 먹자는 건데. 너도나도 건강하자는 좋은 뜻 아니던가. 온 나라에 퍼져나간 내 자랑이야 내 입으로 말하기 뭣해 그렇지. 사실은 사실이었으니까.

사람들이 이름 붙여 논 '국민 생선'이 아무리 만만하다지만 "미세먼지의 주범이 고등어구이라니."

나라 전체가 막에 가린 듯 희뿌옇게 보인다. 몇 년 전부터 심각해진 미세먼지는 여름이 다가오도록 수그러들지 않는다. 먼지라는 건 움직임이 있는 곳에서 떠다닐 운명. 그 기세 심각한 건 어디선가 끊임없는 생산의 순환이 반복되는 까닭이겠지.

쉴 틈 없이 맞물려 돌아가는 욕망의 풀가동 앞에 재앙은 예정된 게 아니었던가. 이웃 나라 엄청난 공해는 내가 사는 바닷속 세상도 마찬가진걸. 꽉 막힌 도로에서, 공장의 굴뚝에서, 일상의 여기저기서 배출되는 오염물질의 실태들을 짚어보는 건 귀찮으신 이유인가. 원인에 대한 정보나 대책의 강구보다 '고등어구이'가 그 사단의 주범이라는 말에, 헛웃음이 나온다.

필요에 따라 밥맛을 돌게 한 죄, 불쑥불쑥 어머니를 떠올리게 만든 죄, 터무니없이 영양이 지나친 죄, 헐한 값에 엎드려 오랜 쓰임 독차지한 죄….

예나 지금이나 죄 없는 죄인 만드는 분들 계신다지만, 대대로 욕심 없던 물고기 가문이 뒤늦게 억울한 누명을 쓰게 될 줄이야. 조상님들 아시면 무어라 하실까.

울릉도 손님

울렁거리지 않고는 못 배기는 세상이다.

기꺼이 울릉도 찾아 나그네 되기로 한다. 넘실거리는 물결의 갈피마다 미처 적어두지 못했던 지난 일기가 부유물처럼 떠오른다. 오만이 오만이었던 것도 모른 채, 후회가 암석으로 남게 될 줄은 차마 몰랐던 시절이다. 그립지 않은 그 시절마저 그리워지려는 지금, 낯선 땅 울릉도에 순한 발자취를 남기려 한다.

하늘과 바다의 경계는 늘 그렇듯 모호하다.

잿빛 침묵에 순응하는가 하면 어느새 먹빛 갈등과 맞닥뜨린다. 암울한 시간은 더디기 마련인 것이 사람들 사는 모습을 보는 듯하다. 무거운 시간과 겨루는 방법은 저마다 다르다. 누군가는 겉과는 달리 안으로만 삭이고, 누군가는 보란 듯이 대거리를 하고, 누군가는 그저 견딜 뿐이다. 언젠가는 끝이 보일 거라고 믿으며….

배에서 내려 처음 발길 닿는 곳, 그곳이 어디든 간에 한 번쯤은 간절했던 곳이리라.

거친 자연환경은 훼손되지 않은 화산섬의 매력으로 다가온다.

절경의 미려함을 버겁게 담아내는 내 시야의 무딤을 자각할 때쯤, 일순간 시간은 제멋대로 멎어버린다.

울릉도에는 다섯 가지가 흔하다던데 물, 돌, 바람, 향나무, 그리고 미인이라 했거늘. 물은 물대로 제 속을 훤히 내보임이 대범해 보이고, 돌은 돌대로 세월 속 지켜낸 흔적들 대견할 수밖에. 대숲을 새어 나온 바람 한 무리 행여 내 모습 같기도 해 낯설지 않으니, 도둑 없다는 울릉도에다 자진해서 마음을 내줄 판이다. 해풍과 맞선 흔적 고스란히 드러나는 향나무 자태에선 거스를 수 없는 연륜의 굴곡마저 기품으로 배어 나온다. 땔나무로 쓰던 시절 상상만 해도 섬 가득 피어올랐을 그윽함에 정신이 맑아지는 듯하다.

신묘한 나무 맵시, 무늬의 빼어남 보노라면 그 나무 그 섬을 닮고자 했던 걸까. 원시적인 아름다움이 어떤 기교도 능가한다는 사실만으로 가슴은 성급히 후련해진다.

누군가에겐 어쩌다 한 번 지나는 국토의 한 곳이지만, 누군가에겐 삶의 터전이다. 얼마 전 있었던 수해로 만신창이가 된 곳을 보며 섬사람들이 느꼈을 두려움 어림해본다. 응급복구한 상황이라고 하지만, 살점이 드러나는 상처를 들여다보는 서늘함을 지우지는 못했다. 여행객을 태우고 그곳을 지나치는 많은 차량과 산사태 흔적의 어색한 대비감 때문일까? 발길보다 오래도록 눈길이 머무른다.

올 들어 다행히 지난해 주춤했던 방문객이 늘어났다는 동쪽 땅. 천혜의 비경 못지않게 민족의 어여쁜 섬 독도를 가기 위함도 이 섬을 찾는 이유이다. 그들을 맞이하며 품어주는 수용력을 의젓한 울릉도는 갖고 있지만, 그 너른 품새만 맥없이 믿고 있다가 한순간 가슴이 휑해지기도 한다.

오늘도 올 것이고 내일도 올 길손들이 섬을 헤아릴 동안, 이문 먼저 가늠해야만 하는 장사꾼 모습은 이해는 하면서도 씁쓸해지려고 한다. 눈치도 없는 부지깽이꽃 사방에 아른대지만, 웃으며 지나치는 입맛이 어쩐지 쓰다.

밤이 늦도록 도동항 활기는 식지 않는다. 거친 듯 온화한 섬 울릉도는 뭍사람들 하는 양을 지긋이 바라본다. 무심히 바라본 하늘엔 반쪽 달 낮게도 드리워 있다.

오늘따라 영락없는 호박빛깔이다. 우연일까?

밤바다 철썩거리고 쓸데없는 그리움 한 줌씩 부서진다.

결국은 뭐니 뭐니 해도 사람이 좋다는 사실이다. 빼어난 수려함이 제아무리 기가 막혀도 함께하는 사람 있어 잘 드러나는 법이고, 함께하고픈 사람이 있을 때면 더 애틋할 것이다.

내가 머무는 곳에 누군가 들르는 사람을 가리켜 '손님'이라 일컫는 게 틀리지 않는다면 울릉도는 사시사철 '손님'이 찾아오는 곳이며, 맞이하는 곳이다. 손님을 접하는 그분들이야말로 울릉도에 쌨다고 하던 미인들이 아니겠는가.

중요한 것은 '손님'을 맞는 것도 '손님'이 되는 것도 과하게 유난스럽지 않고 진실로 통했으면 한다. 내가 머무는 곳을 잠시 같이할 사람. 혹은 다음에 다시 머무르러 올 사람 정도로 말이다.

다시 울렁임을 다독이며 돌아오는 길. 물결의 일렁임에 두고 온 전설 한 토막이 생각난다. 거센 파도 속 아비를 기다리던 섬처녀의 마음이 헤아려지는 길이었다.

세상 보는 다른 방법

얼마 전 일이다. 집 뒤에서 만나기로 한 시간은 50분이었는데, 나는 55분이라고 착각을 하고 있었다. 분침은 느릿느릿 50분을 향하여 가고 있었다. 아직도 몇 분의 여유가 있음을 헤아릴 즈음 상대방이 도착했다는 전화가 걸려 왔다.

나중에 보니 50분에 보자는 문자가 와 있었다. 나는 왜 55분이라고 철석같이 믿고 있었을까. 50분에 만나자는 문자를 얼핏 보고 55분이라고 생각했을 수도 있고, 7시에 시작이니까 55분에 만나도 충분하다는 생각에서 그랬을 수도 있다. 어쨌든 결과적으로 내가 보고 싶은 만큼만 보았던 것이다. 타인의 5분을 말없이 빼앗을 뻔한 날이다. 나도 모르는 사이 내 방식대로 착각했음이 겸연쩍었던 저녁이었다.

근래 들어 더위란 말은 차라리 애교이다. 긴급 재난 문자가 툭하면 폭염 경보를 알려서 노약자의 바깥 활동을 자제하게 한다. 좀 과장하자면 이토록 지구를 삶아대는 더위에 노약자 아닐 사람도 없을 듯싶다. 요즘 드는 생각은 뙤약볕 아래 바깥에서 일하는 사람들의 수고가 그야말로 만만치 않다는 것이다. 대단하지 않은 일이 어디 있겠냐만 올 같은 더위에 그 가치는 더욱 숭고하다는 생각이다.

지난 주말, 일찍부터 더위에 지친 도로를 달리고 있었다. 소나기마저 귀한 삼복더위에 한적한 도로 옆으로 차 한 대 서 있었다. 야트막한 비탈 위엔 웬 사내가 쭈그려 앉아 무엇인지 모르는 나무 이파리를 따고 있었다. 어지간하면 새벽이나 해라도 기운 후에 일할 것이지. 이 염천에 참으로 억척스러운 사람이었다. 아니나 다를까. 눈 마주친 얼굴은 햇볕에 하도 그을려 검고 반질반질하다. 산나물은 다 쇠었을 테고 산딸기도 오디도 한물간 지금 마땅히 산에서 채취할 것이 있을까? 다른 열매나 약재가 있을지도 모를 일이었다.

"이 더위에 요즘은 산에서 딸 게 마땅치 않을 텐데…. 저 사람은 무얼 따는 걸까?"

"저 사람 분명히 볼일이 급했는데 휴지가 없어서 나뭇잎사귀

뜯고 있는 걸 거야. 얼마나 급했으면…."

정말로 무엇을 채취하는지 궁금해서 나는 물었고, 그는 단번에 낯선 남자가 생리적 다급함을 나뭇잎 몇 장으로 모면하던 순간으로 만들어 버린다. 유연하지 못한 내 생각을 인정해야만 한다. 내 사고의 한계, 치명적인 결함이다. 결과적으로 그가 옳았을 때가 더 많았지 싶다.

깊이 생각한다고 무조건 좋은 건 아니다. 정답은 오히려 간단해서 허무할 때도 있는 법이다. 어찌하여 나는 그쪽으로 생각을 못 했던 걸까? 늘 나만의 틀이 아닌 다른 방식으로도 생각하라는 일침이 된다.

내가 자주 환상을 꿈꾸는 동안에도 그의 눈은 현실적인 것들을 지키고 염려하느라 두리번댄다. 언제나 나보다 정확하고 유용하다. 그가 보는 것과 내가 보는 것이 같지 않다는 것은 얼마나 다행스런 일인가.

두려운 것은 자꾸만 나의 생각 통로가 지금보다 더 좁아지고, 굳어져 버릴까 봐 겁이 날 뿐이다. 이미 적지 않게 화석화된 고정관념 따위가 솔직히 버거울 때가 있다. 익숙하게 짊어지고 온 그 무게가 이제와 생각해보니 억울하기도 해 내려놓고 싶어질 때도 있다. 그 어떤 걸림도 없는 평화로운 시선으로 세상을 담고 싶다.

도루묵 마중

한창 바쁜 김장철이 수그러들었다. 이래저래 올해는 건너뛸 요량이었건만 결국은 또 김장하러 가는 날이다. 차라리 사 먹는 것이 효율적이라는 생각도 들지만, 하고 나면 넉넉해지는 게 사실이니 참으로 묘한 심리이다. 숨이 턱에 차게 걸려온 전화는 '지금 도루묵을 부친다'는 전화였다. 마침 토요일이고 월요일도 언제 배송될는지 모르는 참이다. 집 근처 영업소로 보내면 일요일이라도 가서 찾겠다고 일러두었다.

친절하게 메시지를 넣어주는 택배회사의 서비스가 토요일 밤을 아연케 만들었다. 문제의 도루묵이 어디로 출발했다는 카톡이었다. 유심히 바라보니 집 근처가 아닌 '진부면'이었다. 맙소사, 내가 사는 생활권과는 완전히 다른 곳이다. 몇 번이나 영업소 이름을 일러줬건만 엉뚱한 곳으로 보낸 그를 생각하니 한숨이 나왔다. 김장 마치면 고단할 텐데 일부러 진부까지 돌아가기도, 성의를 무시한 채 생물을 포기하기도 둘 다 난감하긴 마찬가지였다. 더군다나 올해는 도루묵이 풍년이라 가격이 헐하다는 것도 갈등의 요소가 되었다.

다음 날, 김장을 마치고 춘천서 출발한 게 세시 경. 수없이 홍천을 지나치면서 서석이란 델 가본 적이 없었다. 기회가 되면 그쪽으로 한번 둘러보잔 얘기를 한 적 있었는데, 그날이 오늘이 된 셈이다. 서석을 구경할 겸, 진부로 돌아오자는 말에 나는 새로운 길과 만날 기대에 들뜸을 달래야 했다.

가끔 지나친 적 있던 홍천 어디 즈음에서 서석방면으로 접어들었다. 스치는 풍경들을 놓칠까 싶어 머릿속 재빨리 스케치를 시도하다가도, 먼 곳이 가져다주는 고즈넉함에 넋을 빼앗긴 채 노곤함을 즐기기도 했다. 가을걷이가 끝난 너른 벌판, 수분을 기증하고 난 나목들만 시야를 스칠 뿐 사람은 구경하기 힘들었다. 지나치다 초등학교로 보이는 건물이 반가운 이유이다. 왠지 모르게 마음이 놓인다.

정선의 관문인 '솔치재'와 이름을 나눠 가진 터널을 만날 수 있다. 꼬부랑 할머니가 여투던 허리춤마냥 고릿적 사연 간직했음이 틀림없다. 구불텅구불텅 급할 바 없는 하뱃재 상뱃재를 넘으며 까닭 모르게 뱃심이 두둑해지는 배짱도 가져본다.

어느새 내면을 알리는 이정표이다. 놀라운 것은 빈 밭이 내뿜는 윤기의 장관이다. 고랭지 채소의 수확을 마치고 정돈을 마친 경지가 어찌나 보드라워 보이는지 손바닥으로 쓸어 비비고 싶다. 밭이라 하기엔 격이 없어 보일 만큼 번듯하고 기름진 모양새가 '노다지'를 캐는 터전으로 보인다. 이곳 농산물이 유명한 만큼 땅에 들이는 공 또한 적지 않음을 알 수 있었다.

산이 곧 길이고 길은 원래 산이었다. 보래령이나 태기산을 넘었던 기억은 잠시 덮어두기로 한다. 해발 천 미터가 넘는 운두령을 오르는 동안 소소했던 일상 따위는 티끌처럼 사라진다. 산허리 노니는 구름을 따라 이 산을 넘었을 사람들 생각해 본다.

바람 한 자락, 풀꽃 색깔 한 종지씩, 쪽물 한 단지, 진눈깨비 한 구박 가져다 어디다 숨겼을까? 고개 넘은 사연만큼 첩첩할 세월은 어디로 간 것일까. 운두령 절반 어디쯤, 도랑으로 흐를지 모를 일이다. 사무치던 보고픔 골이 깊어져….

성미 급한 해는 일찌감치 떨어지고 진부에 도착했으나 아무리 찾아도 도루묵은 안 보인다. 먼 거리 돌아온 허탕이지만 밑진 장사만은 아니다. 도루묵이 아니었다면 서석의 평온함도, 하뱃재 상뱃재의 너른 낭만도, 율전리의 콧대 높은 농지도, 운두령의 역동적인 경사도 만나지 못했을 것이다.

이왕 늦은 거, 진부에서 거문을 지나 모릿재 넘는 대신 정선 쪽을 향한다. 미탄의 순댓국을 떠올리며 헛헛한 속내를 위로할 요량이다. 올림픽 준비로 마평부턴 온통 공사 구간이다. 산과 강을 가르는 한적한 도로가 외로움에 지쳤는지 빨간 신호로 매달리기 일쑤다. 성가시다. 나전 지나 정선을 가로 지르니 아까와는 다른 '솔치재'가 새삼 반갑다.

굽이굽이 휘어 돌은 산천을 되짚는다. 오늘 넘은 수많은 재를 헤아리는 통에 국밥 맛만 더 일품이었다. 도루묵 찾아 돌아온 길이 뜬금없어도 실은 재미진 여정이었다. 급작스러워 기억에 남을 하루였건만. 아뿔싸, 오차 없을 것 같은 전산도 실수라는 걸 하는 건가? 그놈의 도루묵이 메시지와는 달리 집 근처에서 어둡도록 기다리고 있었다.

시인의 스마트폰

작년 가을이었다. 여든을 넘기신 지 한참이나 되신 선생님이 뒤늦게 커다란 숙제를 떠안으셨다. 그 표정이 책을 한 번도 들여다보지 않고 나름 삶에 열중하다가 시험에 임하는 늦깎이 수험생의 얼굴과도 왠지 모르게 비슷하게 느껴졌다.

외국에 사시는 따님께서 스마트폰을 보내주셨다고 하셨다. 지금보다 덜 적적하시리란 생각에 참 좋은 생각이라고 여겨졌다. 사진이나 동영상도 주고받기가 수월하니 한층 더 가까이 있다는 생각이 들 거라는 판단에서였다.

불과 몇 년 전까지만 해도 상상을 할 수 없는 생활의 편리성이 그 손바닥만 한 기계 내부에 고밀도로 압축되어 있다는 건 정말이지 경이로운 일이다. 어느 순간에 스마트폰이 우리 삶 속

깊은 곳까지 비집고 들어와 삶을 이리저리 조종하기도 한다.

기능은 또 어찌 그리 야무지면서도 많은 것인지, 꼭 필요하고 요긴한 것들도 많지만 가끔은 그 반대인 경우도 허다하다. 굳이 나에게 꼭 필요하지도 않은 것을 들여다보다가 어느새 문명의 늪 속에 한쪽 발이라도 빠뜨려 허우적대다가 보면 괜스레 시간을 허비하기도 한다. 굳이 몰라도 좋을 지나친 정보 홍수에 휘말려 넘실넘실 떠내려가다 보면 훌쩍 밤이 깊어지기도 한다. 쓸모없는 것들의 다양함, 나에게 당장 필요치 않은 것에의 속박은 티 나지 않게 내 시간을 갉아먹으면서도 호시탐탐 나의 몰두를 노린다. 편리하고 유익한 반면 나도 모르는 사이에 문명에 구속당하는 기분도 든다. 스스로가 자제하는 냉정한 결단이 절실한 이유이다.

문학 교실 강의가 있는 날 회장님께서 새 전화기를 열심히 주무르신 이유는 선생님의 카카오톡 가입을 하기 위해서였다. 집에 돌아온 저녁 무렵 카톡 화면에 새로운 친구로 뜨는 선생님. 강산이 몇 번이나 바뀌도록 원고지 네모 칸을 채우느라 자음과 모음을 심고 뽑곤 하시던 어른께서 문명이라는 숲속의 '카카오톡 친구'라는 것은 꽤나 생경한 화면이었다.

한 해를 잘 마무리하는 뜻깊은 자리였다. 수료식이랑 회원님의 출판기념회를 기념하는 경사스러운 자리에 뜬금없이 씩씩하면서도 경쾌한 기계음이 울렸다. 그만하면 그칠 때도 되었건만 수신자를 애절하게 불러대는 벨 소리의 주인은 바로 선생님이셨다. 당황하셔서 끊으려고 아무리 엄지로 꾹꾹 눌러봐도 벨 소리는 멈추지 않았다. 옆자리에 앉으셨던 내빈께서 검지로 밀어주기 전까지는. 그 장면을 보는데 미소가 번지면서도 한편으론 의문이 가는 건 나로서는 어쩔 수 없었다.

시 짓기에 게으름을 허락하지 않으셨던 선생님. 한평생을 시어 찾느라 행간의 이랑에서 숨 돌리시던 선생님은 지난 몇 달 동안 어떤 방식으로 휴대전화를 이용하셨을까. 혹시라도 저장된 사람들 근황을 들여다보신 적은 있었을까. 그로부터 며칠이 지나 뵈었을 때 도톰하니 손에 쏙 들어맞는 낡은 폴더 전화기를 자랑하셨다.

"다시 이걸로 바꿨다고. 전화 오는 거 받고, 또 내가 걸기만 하면 되지 거 무슨 놈의 스마트폰이냐고."

온갖 찬란한 기능과 무시무시한 매력 따위도 선생님 삶에는 하등에 아무 쓸모없는 번거로움에 지나지 않았던가 보다. 거추장스러운 것으로부터 탈출한 음성 같기도 하고 필요하지 않은 복잡함 속에서 해방된 표정으로 선생님께서는 환하게 웃고 계셨다. 참으로 딱 맞아 떨어지는 말씀이셨다. 웬일인지는 모르나 다행스럽게 느껴졌다.

귀 반쯤만 열어 놓고

정선 길 굽이 돌아 비행기재 타고 내려오던 길이다. 평창에 도착한 버스는 다른 손님을 기다리며 잠시 숨 고르기를 하던 참이었다. 차에 올라 자리를 잡자마자 금세 편안하다고 느꼈던 건 안락한 등받이 탓도 아니요, 위험에 대비한 안전띠 덕분도 아니었다. 낮게 소곤거리는 목소리에서 배어 나오던 진한 사람 냄새 때문이었다.

출발까지는 몇 분 더 남았던 그때, 앞자리에 앉은 할머닌 누군가와 살가운 통화를 하고 있었다. 정선 장날 나오는 사과가 그렇게 달다면서 사 먹으라는 말에, 당도라면 알아주는 이곳 평창 사과가 있음에도 절로 팔랑귀가 되어 쫑긋거린다. 시장통 어느 어귀에 장날이면 트럭을 끌고 나타난다며 아랫녘 어디에서 올라오는 사과라는 정보까지 덤으로 얻어듣는다. 얼마나 맛이 좋으면 저렇게나 바짝 권할까 하는 생각에 그 사과장수 참 복도 많다는 생각이 든다. 정선 장을 쏘다닐 기회가 오면 그 골목 어귀를 서성여보고도 싶어진다.

그때였다.

"할머니 통화 좀 조용히 하세요."

"시끄러우니까 조용히 좀 하라고요."

통로를 사이에 두고 나란히 앉은 삼십 대 여인은 참으로 용기가 탱천했다. 할머니 뒤에 앉았던 내가 더 머쓱해진 기분이었다. 나긋나긋한 음성에, 거슬리지 않는 사투리가 좋기만 하건만 그건 내 사정이고 누군가에겐 방해가 되었던 모양이다. 단호한 한마디에 어르신 입에는 자물쇠가 채워졌다.

버스가 금빛 햇살을 가르며 달릴수록 나른해 오던 차, 아예 눈을 감아도 보지만 아무리 생각해도 나는 그처럼은 못할 것 같았다. 확고하게 자기 의사표시를 하는 태도가 부럽다는 생각이 드는 한편, 바로 그 모습 때문에 뜨악해진 나에게 세대적 거리감과 혼돈이 몰려왔다.

엄연히 공공장소이니만큼 용건을 간단히 했으면 이런 일도 없었을 것이기에, 무조건 할머니 편을 들자는 것은 아니지만 마음은 자꾸 괘씸해지려 한다. 어르신에게 이래라저래라 하는 걸 보니 '경로우대'라는 말은 어느새 고사성어가 된 것인가. 웃어른의 '웃'자는 이유 없이 붙어 있는 줄 아는 걸까.

분명한 건 말씨라는 게 묘해서 높낮이와 세기 장단과 표정에 따라 잔잔한 여울이 될 수도 있고 위험한 파도가 될 수도 있다. 엄연히 '아'가 다르고 '어'가 다르건만 참으로 아쉬웠던 건 그 말투에는 다분히 명령과 불손이 담겨 있었다는 점이다. 언제 어디서든 의견을 당당히 얘기하는 것도 좋지만 그에 앞서 자기의 태도를 한 번 점검해 보면 어땠을까 하는 생각이 들었다. 본인의 말 한마디에 통화를 멈추는 어른의 모습에 그는 얼만큼 만족했을까.

저마다 다른 목적지를 가졌지만 우연히 같은 공간에 머무르던 그 시각 깜박 졸다가 눈을 떠봐도 마찬가지였다. 나와는 대각선 앞자리에 앉은 그녀의 손가락은 얼핏 보면 무디게 보였지만 쉬지 않고 날렵하게 움직이고 있었다. 액정을 쉴 새 없이 밀어 올리며 휴대전화 자판을 터치하느라 여념이 없었다. 알면서도 빠지는 게 본인 위주라는 함정이지만 기계 속 누군가와 소통은 그리도 잘하면서 옆 사람에게 보인 태도는 너무도 아쉬웠다. 시끄럽다고 소리치던 모습으로 봐선 눈이라도 붙일 줄 알았건만 그것도 아니었다. 그럴 바에야 귀를 반만 열었어도 좋지 않았을까 하는 생각이 들었다.

상대방에게 방해되진 않을까 하는 마음에 통화보다는 문자나 메신저의 이용 횟수가 많은 것이 사실이다. 하필이면 정선 장날 사과가 각별했던 탓일 것이다. 그녀가 쉬지 않고 보내던 문자 못지않게 사과 장수의 소재 또한 중요했을 뿐이다. 할머니가 소상히 나누던 통화와 젊은이가 능수능란하게 입력하던 대화창은 일맥상통한 건 아니었을까. 누구와 통하고 싶고 교감을 간절히 원하는….

귀가 두 개이고 입이 하나인 까닭을 많이 듣고 적게 말하라는 교훈에 적용하기도 하는 걸 보면 무언가를 듣는다는 것 자체가 시험이라고도 할 수 있겠다. 한쪽 귀로 듣고 한쪽 귀로 흘려보낸다는 흔하디흔한 말도 약이 되는 순간이 있다. 때에 따라 들어도 못 들은 척, 반쯤만 귀 열어 놓은 채 흘려보낼 줄도 아는 자세가 필요하다는 생각이다.

목적지에 차가 서기 무섭게 혀끝이 씁쓸해진 누군가 봄의 인파 속으로 슬며시 사라지고 있었다.

양날의 인연

옷깃을 스쳐도 인연이라 했던가. 그 짧은 찰나마저도 오백 겁의 인연이 있어야 이뤄진다고 했다. 똑같은 피나 하나의 태를 공유하지 않고도 같은 나라에 태어나는 데 일천 겁, 하루를 동행하는 데만도 이천 겁의 인연이 소요된다고 한다. '겁'이라는 시간 단위의 무한함을 생각한다면, 일상의 단어 중 우연이란 말조차 함부로 써도 되는지 뒤늦게 조심스럽다. 살면서 크고 작은 순간을 나눈 적 있는 사람들 떠오르는 얼굴 하나하나가 자못 가까이 다가온다. 평범하게 스쳤던 면면의 얽힘마저 범상치 않은 기간을 바쳐야 했던 만남이었다.

살면서 누구를 만나느냐에 따라 생각이 변하고 인생이 달라진다. 바꾸어 말하면 운명이 뒤바뀌기도 하는 것이다. 부모와 자식 간의 사랑, 각별한 형제자매, 진정한 부부애 속에서 사람은 꽃눈을 품곤 한다. 수천 겁을 거슬러 한 식구 되는 인연일수록 이해와 감사가 먼저인 법이니, 친밀하다는 이유로 소홀히 해선 안 되는 까닭이다. 마음을 터놓을 수 있는 이웃과 좋은 벗 또한 서로에게 바람직한 터전이 된다. 걸진 기운을 나눠주고 북을 돋워주는 사람이 있어 힘이 생긴다. 어둠 앞에서 걸음을 뗄 수 있는 의연함의 시작이다. 사제지간의 연은 또 어떤가. 믿음과 존경이 온유한 피가 되어 돌아 흐른다. 설명 안 되는 이끌림에 일만 겁의 담보가 있어야 하니, 그 어떤 만남보다도 고귀한 인연이라 하겠다.

닿아서 좋을 인연만 있다면 무엇이 문제겠는가. 사람과 사람의 이음새에서 살아가는 맛이나 멋이 자연히 우러나와야 하건만, 그렇지 못한 경우가 허다한 걸 보면 인간 만사 뜻대로 되는 것만은 아닌 듯싶다. 자칫하면 튕겨나가는 그릇된 조화가 돌이킬 수 없는 결과를 범하고 만다. 무언가를 탐하다가, 무언가를 갖고 싶어, 무언가를 누리기 위해서 엮었던 만남이 대개 그러하듯이, 애당초 꼬아 만든 인연은 떳떳하지 못한 결과를 몰고 오는 법이다.

요즘 나라 사정을 생각하면 억지로 타들어가는 생나무의 심정이다. 눈가가 아려오며 시큰해지는 게 매운 눈물 번질 만치 내겁다. 참다 참다 뱉어내는 밭은기침은 하면 할수록 답답하기만 하다. 자랑거리로 온 세상 주목을 받는다 해도 조심스러울 판에, 부끄럽고도 안타까운 현실이다. 높으신 분의 오랜 인연을 두고 연일 수많은 이야기가 입방아에 오르내린다. 수백에서 수천 겁의 시간을 치른 만남치고는 실로 무시무시한 인연임은 틀림없다. 그 이질적인 모습이 생경하다 못해 소름이 돋기도 하다.

밥벌이의 신성함 앞에서 견뎌야만 하는 세상사는 갈수록 지난하고, 참는 것 빼곤 방법 없는 시대의 웃풍은 시려만 갈 뿐이다. 그 속에서 꿈을 잃지 않으려 애쓰던 국민의 갈망이 속절없이 허무하다. 누구를 만나느냐에 따라 인생이 달라진다는, 바뀔 수도 있는 운명에 대해 다시 한 번 생각해 본다.

인연은 두 개의 날을 갖고 있는데 날이 서서 날카롭게 벼려진 정갈한 날은 감추고도 싶은 적나라함을 비추는 거울과 흡사하다. 가르쳐 주지 않아도 그 서슬 무서워 저절로 주의를 기울여야만 한다. 베일까 두려워 조심해 다루니 소중히 여기는 까닭이다.

한편 닳을 대로 닳아 뭉툭해진 날은 무디기 그지없다. 어지간한 강도는 자각조차 못할 만큼 익숙함 탓에 정교함은 이미 잃은 지 오래다. 긴장을 요구하지 않으니 함부로 손질하며 섣불리 안심한다. 세상 보는 바른 시야 흐리게 하고, 옳게 들리던 청각마저 마비시키는 게 잘못된 인연의 부작용이다. 앵무새가 사람을 흉내 내는 게 아닌, 사람이 앵무새 시늉을 하기도 하니 그것이 지닌 영향력이 얼마나 우습고도 또 무서운 것인가. 한 세상 지니고 다뤄야 할 인연의 양날이라면 가끔은 정갈하게 손질도 필요하니 숫돌에 정한 물 끼얹어, 이리저리 무뎌진 날 가늠하고 대어 볼 일이다.

생각 못했던 문제가 거슬리는 요즘이다. 옷깃이 스쳤던 사람들, 수백 겁의 인연 탓에 만날 수 있던 사람들에게 어떤 파문을 일으킨 걸까?

약이 되지는 못해도 독은 되지 말아야 한다는 마음이다. 필부필부(匹夫匹婦)로 살아왔고 살아가면서, 나와 인연 맺는 누군가에게 꿀 바른 독이 되진 않겠다는 것 말고는 아무 생각도 들지 않는 밤이다.